Hans-Dieter Hermann
Jan Mayer

MAKE
THEM
GO!

Was wir vom Coaching für
Spitzensportler lernen können

INHALT

VORWORT

Ziel dieses Buches ist es, aus unserer langjährigen Zusammenarbeit mit hochklassigen Trainern unterschiedlicher Sportarten Kriterien des erfolgreichen Führungsverhaltens abzuleiten.

Aus unserer Tätigkeit als praktizierende Sportpsychologen in Nationalmannschaften und Profiteams ergibt sich eine Vielzahl von Ereignissen und Erlebnissen, die zum besseren Verständnis der hier theoretisch vermittelten Inhalte ideal passen würden. Wäre da nicht die Thematik der selbstverständlichen Vertraulichkeit gegenüber den Sportlern und Trainern, mit denen wir zusammenarbeiten oder zusammengearbeitet haben. Ein Dilemma für uns als Autoren. Wir haben folgende Lösung gefunden: Mit Namen versehene Erlebnisse beziehungsweise Anekdoten werden von uns dann verwendet, wenn diese bereits öffentlich – zumindest in ähnlicher Form – in den Medien beschrieben wurden. Eigene Erlebnisse können unserer Auffassung nach nur verfremdet und anonymisiert in das Buch einfließen. Die durch diese Beispiele übermittelten Botschaften bleiben jedoch vollständig erhalten.

Wir bedanken uns für das Verständnis der Leser und würden uns freuen, wenn diese Form des Einblicks in die Welt des Spitzensports dennoch eine hohe Attraktivität bietet.

Nach vier unveränderten Auflagen von *Make them go!* wird diese fünfte in überarbeiteter Fassung des ursprünglichen Textes vorgelegt. Ein ganz besonderer Dank geht an unsere Kollegin Lena Radke (MA Psychologie) für die aufmerksame und wertvolle Durchsicht des Manuskripts.

Hans-Dieter Hermann
Jan Mayer

① »MAKE THEM GO« – DER AUFTRAG

Eine neue Saison steht bevor, das Team einer Eishockeybundesliga-mannschaft ist optimal zusammengestellt, und Fans und Öffentlich-keit wünschen sich nach der verkorksten vergangenen Saison endlich wieder Siege und Erfolg. Vereinsführung und Management haben Geld in die Hand genommen, um optimale Ausgangsbedingungen zu schaf-fen. Nicht nur das Team selbst, auch das Funktionsteam wurde er-weitert – unter anderem um einen Sportpsychologen.

Als Sportpsychologe hat man den Auftrag, die mentalen Prozesse der Spieler durch entsprechende Trainingsverfahren langfristig auszubil-den und zu schulen und Trainer durch fachkundige Beratung dabei zu unterstützen, das Zusammenspiel der Athleten als Mannschaft zu optimieren. Neben individuellen Besprechungsterminen und Maß-nahmen für Mannschaft oder Kleingruppen ist die Begleitung in Wettkampf und Training ein weiterer Bestandteil der Tätigkeit als Sportpsychologe eines Profiteams.

Das erste Training steht an. Wie sind die Spieler in Form? Wie gut wird das Zusammenspiel sein? Harmoniert die Mannschaft? Gemeinsam mit dem Manager und Teilen des Funktionsteams – Arzt, Physiothe-rapeut, Zeugwart etc. – beobachten wir das Geschehen. Plötzlich zeigt der Manager Richtung Eisfläche, schaut zu uns herüber und meint: »Make them go! Das ist euer Job. Die müssen dieses Jahr perfekt funktionieren!«, dreht sich um und verlässt die Eishalle.

»Make them go!« – das bringt die Anforderungen, die an Trainer im Spitzensport gestellt werden, knapp auf den Punkt: andere zur Höchstleistung bringen! Andere zur Höchstleistung bringen? Nein, es geht darum, Bedingungen zu schaffen, die anderen dabei helfen, sich zur Höchstleistung zu entwickeln und aus individuellen Sportlern ein effektives Team entstehen zu lassen.

Die Frage ist nur: Wie gelingt das? Wie bringt man eine Gruppe von Sportlern dazu, gemeinsam bis an die Grenze ihrer Leistungsfähigkeit zu gehen? Und gibt es allgemeingültige Ansätze, sodass sich Erkenntnisse aus dem Spitzensport auf andere Bereiche übertragen lassen, in denen gleichfalls Höchstleistung im Team gefragt ist? Tatsächlich sind wir im Laufe unserer Zusammenarbeit mit hochklassigen Trainern von National- und Vereinsmannschaften oder Profiklubs unterschiedlicher Sportarten auf vergleichbare, sogar identische Kriterien hinsichtlich des erfolgreichen Führungsverhaltens gestoßen. Bei unserer Beobachtung konnten wir feststellen, dass es gar nicht so sehr darum geht, was ein Trainer mit Spielern oder Mannschaften im Einzelnen macht, sondern welche grundlegenden Einstellungen und Grundhaltungen er an den Tag legt. Sie machen den Unterschied, heben die erfolgreichen von den weniger erfolgreichen Trainern ab.

Die Erkenntnisse, die wir hier präsentieren wollen, sind weniger das Ergebnis wissenschaftlicher Untersuchungen und erheben auch keinesfalls den Anspruch auf Vollständigkeit. Wir geben hier unsere persönlichen, aus der Erfahrung gewonnenen Einschätzungen wieder, indem wir – untermauert durch ein wissenschaftlich fundiertes theoretisches Gerüst – die aus unserer Sicht wichtigsten Grundhaltungen zeigen, die erfolgreiche Trainer kennzeichnen.

In diesem Buch geht es um Höchstleistungen. Eine grundlegende Voraussetzung für die im Spitzensport zu erbringende Höchstleistung ist die Entwicklung einer stabilen Kompetenzüberzeugung, das heißt einer Gewissheit, dass man auch hohen Anforderungen kompetent und leistungsfähig begegnen kann. Kontinuierliche Höchstleistung von Sportlern und Teams beginnt mit der Kompetenzüberzeugung ihrer Trainer. Wenn Trainer nicht von der eigenen Kompetenz, eine Mannschaft erfolgreich führen zu können, überzeugt sind, werden sie sich schwertun, eine Kompetenzüberzeugung bei ihren Sportlern zu entwickeln. Daraus ergibt sich, dass der Ausgangspunkt einer erfolgreichen Trainerarbeit immer die Trainer selbst sind. Alle langfristig erfolgreichen Coaches, mit denen wir zusammenarbeiten durften, haben verinnerlicht, dass konstruktives Arbeiten mit Höchstleistern nur gelingen kann, wenn sie, die Trainer, ihre eigenen Ressourcen und Kompetenzen entsprechend ausbilden und pflegen. Anders ausgedrückt: Selbstkompetenz, das heißt die Kompetenz, sich selbst anforderungsgerecht zu regulieren, ist eine Fertigkeit, die sich ein Trainer im ersten Schritt aneignen muss.

▶ Story: Fußballtrainer

Der Ablauf der Halbzeitbesprechung war genau geplant. In den ersten fünf Minuten analysieren die Trainer der Profifußballmannschaft die gespielte erste Hälfte in der Trainerkabine. Anschließend wird besprochen, welche taktischen Informationen und Anweisungen der Mannschaft oder einzelnen Mannschaftsteilen gegeben werden sollen. Immer fünf Minuten vor dem Anpfiff zur nächsten Halbzeit betritt das Trainerteam die Mannschaftskabine, und es erfolgt zunächst die Mannschaftsansprache. Danach gibt es noch Informationen für einzelne Mannschaftsteile, sofern dies erforderlich ist. Doch diesmal läuft es anders. Ein entscheidendes Spiel. Pünktlich – fünf Minuten vor Wiederanpfiff der Halbzeit – versammelt sich das Trainerteam vor der Mannschaftskabine. Der Trainer nimmt die Türklinke in die Hand – hält inne –, lässt sie wieder los und sagt: »Ich bin noch nicht so weit …« Geht noch mal in Gedanken versunken eine Runde durch den Kabinengang. Er kommt nach einigen Sekunden zurück, sagt: »Let's go!« und betritt die Kabine, um die Mannschaftsansprache zu halten. ◀

Der Trainer im Beispiel wusste, dass viel auf dem Spiel stand und dass er sich und seine »innere Landschaft« klären und Selbstkompetenz aufbauen musste, um seine Aufgabe in diesem Moment optimal zu lösen. Die Herausforderung besteht darin, in solch einer entscheidenden Situation möglichst jeden einzelnen Spieler zu erreichen. Um hier angemessen aufzutreten, ist die Kompetenzüberzeugung des Trainers gefragt. Alle Spieler schauen auf ihn – noch bevor er etwas sagt, wirkt er auf die Spieler: kompetent und souverän oder unsicher und zögerlich.

Um als Trainer erfolgreich zu sein, reicht es allerdings nicht nur aus, Gewissheit in die eigene Kompetenz zu entwickeln und auszustrahlen. Der Trainer muss sich zusätzlich intensiv mit den einzelnen Spielern beschäftigen, wenn er sie erreichen will.

Kontinuierlich erfolgreiche Trainer haben ein großes Interesse an ihren Sportlern und beschäftigen sich viel mit ihnen. Auf Vicente del Bosque, den unübertroffen erfolgreichen Trainer (unter anderem Weltmeister mit der spanischen Fußballnationalmannschaft), geht das Zitat zurück: »Am meisten Autorität habe ich doch, wenn ich mit den Spielern spreche und sie in meine Gedanken einbeziehe.«[1]

Erst wenn Trainer eine Verbindung zu jedem einzelnen Spieler aufgebaut haben, wissen sie, mit welchen Maßnahmen sie auch deren Kompetenzüberzeugung entwickeln und stabilisieren können.

Neben der individuellen muss im Team auch eine kollektive Kompetenzüberzeugung entstehen: die Gewissheit, gemeinsam erfolgreich agieren zu können. Dafür müssen mit geeigneten Maßnahmen die einzelnen, von sich selbst überzeugten Höchstleister zu einer Einheit geformt werden. Um eine kontinuierliche Höchstleistung des Teams zu ermöglichen, ist weniger die starke Hand oder eine geschliffene Rhetorik gefragt als vielmehr eine behutsame und werteorientierte Steuerung der Teamprozesse im Hintergrund, die letztlich zu einem Vertrauensverhältnis zwischen den Beteiligten führen soll. Darauf wies Joachim Löw, Trainer der deutschen Fußballnationalmannschaft, in einem Interview hin: »Ein respektvolles, vertrauensvolles Miteinander in unserem Team ist mir sehr wichtig, Verlässlichkeit und Vertrauen sind in diesem Zusammenhang wesentliche Faktoren. Offene Kommunikation auf Augenhöhe, Kritikfähigkeit, Transparenz und Toleranz, das haben wir vorgelebt, aber es dauert eine Weile, bis so etwas von allen, den Spielern und auch den Betreuern, verinnerlicht wird. Bis alle einander vertrauen.«[2]

Wir werden im Folgenden Schritt für Schritt die wichtigsten Führungsmerkmale aufzeigen, die zur Entwicklung einer kontinuierlich hohen

Teamleistung beitragen. Beginnen wollen wir das Projekt »Make them go!« zunächst mit den Spezifikationen und Besonderheiten von Spitzenteams im Hochleistungssport. Aus unserer Sicht sind dies wichtige Merkmale, aus denen sich die nächsten Schritte ableiten.

② GRUPPE? TEAM!

Einer der erfolgreichsten Trainer Deutschlands, der ehemalige Hockey-bundestrainer Markus Weise, hat für den Spitzensport einmal drei Kategorien von Mannschaften unterschieden: den Haufen, die Gruppe und das Team. Mit einem Haufen, so Weise, lasse sich kein Titel gewinnen, und an einer Gruppe müsse noch viel gearbeitet werden, damit sie irgendwann einmal einen gewinnen könne.

»Mich reizt es«, erklärte er dazu in einem Interview, »Gruppen zusammenzustellen, die gut funktionieren. Sie müssen nicht immer harmonieren, aber an den entscheidenden Tagen alles aus sich herausholen. Mich interessiert Gruppendynamik: Wie schafft man es, Individuen oder auch manchmal Egomanen zu Teams zusammenzustellen? Teams, denen es gelingt, über sich hinauszuwachsen und an absolute Grenzen zu gehen. Der Erfolg ist nur das Abfallprodukt dieser Leistung. Das ist es nicht, was mich anspornt. Ich will den Erfolg schon haben, aber letztlich will ich die Leistung aus meinen Jungs herauskitzeln.«[3]

Eine bemerkenswerte Aussage aus dem Mund eines an den Erfolg gewöhnten Spitzentrainers – nicht in erster Linie am punktuellen Erfolg seiner Spieler interessiert zu sein, sondern daran, aus ihnen die maximale Leistung »herauszukitzeln«. Nehmen wir dieses »Herauskitzeln« als dezente Umschreibung für »Make them go!«, sind wir wieder beim Auftrag an den Trainer: eine Mannschaft so zu formen, dass sie konsequent ihre Leistung bringt, was zwangsläufig zu Erfolg führen wird. Etwas herauskitzeln zu müssen suggeriert aber auch, dass es sich da-

bei um keine einfache Sache handelt, sondern dass Fingerspitzenge-
fühl und Ausdauer verlangt sind.

»Make them go!« ist die knappe Umschreibung für einen Prozess, in
dem es gilt, individuell und situativ passende Wege zu finden, die zu
Höchstleistung führen. Das setzt voraus, dass ein Trainer jede Einzelne
und jeden Einzelnen – oder, wie Weise es ausdrückte, die »Individuen
und Egomanen« einer Gruppe – genau kennenlernt und aus ihnen ein
optimales Team formt.

TUT ETWAS AUSSERGEWÖHNLICHES MITEINANDER

Das positive Gefühl, sich in einer Gruppe oder Mannschaft wieder-
zufinden und den Sinn des eigenen Tuns in der Gemeinschaft zu erleben, beschreibt der vielfach als einer der besten Fußballtrainer der
Welt bezeichnete Pep Guardiola, Trainer von Manchester City, in einem
Interview: »Das Gefühl, erwünscht zu sein und gebraucht zu werden, ist das Wichtigste in unserem Leben. Das gilt für die Menschen
um uns herum ebenso wie für einen Club. Sie sollen dir zeigen, dass
sie dich wollen, und du brauchst die Vorstellung, dass du dort Spaß
haben wirst.«[4]

Die Attraktivität des gemeinsamen sportlichen Engagements ist nicht
mit Harmonie zu verwechseln. Geht es bei sozial orientierten Gruppen (wie beispielsweise bei einer Wander- oder Gymnastikgruppe) primär um das harmonische Gruppenerlebnis, steht bei einem Team im
Spitzensport immer die Leistung im Vordergrund. Die Ausrichtung auf
ein leistungsorientiertes Ziel macht das Team zum Mittel, es ist nicht
der Zweck.[5] Doch auch in solchen Teams ist zu beobachten, dass die
gemeinsame, auf höchstem Niveau gezeigte Performance und nicht
nur der Erfolg an sich den eigentlichen Anreiz ausmacht. Dann sind
auch die von Guardiola angesprochenen sozialen Bedürfnisse der einzelnen Mitglieder berücksichtigt, und das einzelne Teammitglied lässt
sich auf die Gruppe ein. Das Investieren von Zeit, das Registrieren der

anderen und Sich-Einstimmen auf sie ist wichtig, damit ein Team entstehen kann. Die Attraktivität liegt in dem Gefühl, gemeinsam mit den anderen Sportlern der Mannschaft auf hohem oder sogar höchstem Niveau agieren zu können und dabei einen relevanten Beitrag zu leisten. Das Ergebnis ist zunächst sekundär. Damit ist eine Grundbedingung für erfolgreiche Teams erfüllt: Jede Einzelne und jeder Einzelne muss die Tätigkeit an sich und das Umfeld, in dem die Tätigkeit ausgeführt wird, attraktiv finden.

▶ Story: Campo Bahia

Ein besonders geglücktes Beispiel ist das Team-Basecamp der deutschen Fußballnationalmannschaft bei der Weltmeisterschaft in Brasilien 2014. Der Manager Oliver Bierhoff hat sich gegen viele Widerstände von außen, die sich im Vorfeld vor allem in den Medien wiederfanden, durchgesetzt und konsequent die Idee verfolgt, dass sich die Mannschaft immer wieder an einem besonderen Ort zusammenfinden sollte und bestehende Strukturen (wie Bindungen zwischen Spielern aufgrund gemeinsamer Mannschaftszugehörigkeit in der Bundesliga) aufgebrochen werden sollten.

Seiner Initiative und seinem Durchhaltevermögen war es zu verdanken, dass sich die Spieler in selbstverantwortlichen und bunt zusammengestellten Sechserwohnhäusern auf dem dorfartig angelegten Gelände von Anfang an neu finden konnten und sich indirekt auch eine spezielle – auf diese WM ausgerichtete – Dynamik entwickeln konnte.

Das Campo Bahia gilt als mitentscheidende Grundlage für den großen Erfolg bei der Weltmeisterschaft 2014. ◀

Hinzu kommen weitere Faktoren, die ein echtes Team auszeichnen:

1. Es besteht ein ausgeprägtes Maß an innerem *Zusammenhalt* (Wir-Gefühl). Zusammenhalt bedeutet nicht nur, das gleiche Trikot zu tragen oder teambildende Accessoires zu präsentieren. Zusammenhalt bedeutet, dass die Mitglieder des Teams sich stark füreinander einsetzen.

2. Es wird ein *gemeinsames Ziel* verfolgt, und die Zielerreichung stellt den Existenzzweck des Teams dar. Das gemeinsame Ziel ist nicht einfach von Trainer oder Vereinsführung vorgegeben. Jedes Teammitglied verfolgt dieses Ziel und möchte es unbedingt erreichen, weshalb ihm vieles, gegebenenfalls auch alles, untergeordnet wird. Erforderlich sind hohes Engagement und Begeisterung für das gemeinsame Ziel. Wenn die Gruppe das Ziel erreicht, muss auch jede und jeder Einzelne es erreicht haben.[6]

3. Die Teammitglieder stehen gleichberechtigt nebeneinander und tragen füreinander Verantwortung. Kern der wechselseitigen Verantwortung sind die implizit aufrichtigen Versprechen, die Teammitglieder einander geben, die Engagement füreinander und gegenseitiges Vertrauen beinhalten.

4. Die Mitglieder übernehmen verschiedene Rollen und kommunizieren miteinander, um sich zu koordinieren. Nur so kann das Team etwas erreichen, das über die Summe der Einzelleistungen hinausgeht.

5. Teams brauchen Zeit. Ein echtes Team hat eine von Schlüsselereignissen geprägte Geschichte durchlebt. Misserfolg, Niederlagen, Durststrecken und schwierige Zeiten sind genauso wichtig für die Entwicklung wie die Erfahrung, dass man gemeinsam erfolgreich sein kann und bereits Leistungsergebnisse gemeinsam erzielt wurden.

Diese grundlegenden Faktoren sind die Voraussetzung dafür, dass eine Mannschaft nicht nur ein Zusammenschluss einer bestimmten Anzahl von Spielern ist, sondern dass diese als eine neue und größere Einheit synergetisch wirken. Gegenseitiges Fördern und der daraus resultierende Nutzen lassen aus dem Ganzen mehr werden als die Summe seiner Teile. Für die WM 2006 wurde der Begriff des »Teams« der deutschen Fußballnationalmannschaft folgendermaßen versinnbildlicht:

T ut
E twas
A ußergewöhnliches
M iteinander

Damit wurde zum Ausdruck gebracht, dass in dieser besonderen, für Spieler, Trainer und Betreuer einmaligen Situation einer Weltmeisterschaft im eigenen Land eine außergewöhnliche Leistungsbereitschaft nötig ist, um erfolgreich zu bestehen.

Eine Mannschaft braucht jeden einzelnen Spieler, um das gemeinsame Ziel zu erreichen. Diese gegenseitige Abhängigkeit sollte von einzelnen Mitgliedern als etwas Positives erlebt werden. Jeder bringt etwas ein, was wertvoll für die gemeinsame Zielerreichung ist, und dafür wird sie oder er geschätzt. Erhält der einzelne Spieler (auch der Einwechselspieler oder der Spieler, der gerade nicht im Kader ist, sondern auf der Tribüne sitzt) diese Wertschätzung von den anderen, kann Teamgeist bei allen entstehen.

▶ **Story: HONAMA**

In seinem Buch *Führungsspiel* beschreibt Bernhard Peters, ehemals Bundestrainer der Hockeynationalmannschaft, wie sein Team für die Weltmeisterschaft 2006 ein Leitbild geschaffen hat, das in Form eines Adlers den unermüdlichen inneren Antrieb und den starken Willen, gemeinsam etwas Außergewöhnliches zu erreichen, widergespiegelt hat.[7] Der Adler »HONAMA« (kurz für »HOckeyNAtionalMAnnschaft«) war ein angriffslustiger, cleverer Raubvogel und zierte von nun an Taschen, Kleidung und Kappen. Das Entscheidende an diesem Adler war, dass er eine Idee der Spieler war und somit genau die Werte und Eigenschaften repräsentierte, die auch die Spieler hinsichtlich der WM als wichtig erachteten. Niemand könnte ein vergleichbar sinnstiftendes, inspirierendes Bild, mit dem sich alle Spieler identifizieren, von außen vorgeben. ◀

Teamgeist ist eine Kraft, die keiner so richtig beschreiben kann, aber jeder Mannschaftssportler schon einmal erlebt hat.[8] Bezogen auf den tätigkeitsorientierten Motivationsansatz macht gerade dieser Teamgeist die Attraktivität der Tätigkeit im Team aus. Es ist etwas Besonderes, gemeinsam leistungsfähig zu sein und daran zu arbeiten, perfekt zu funktionieren. Kurz: Die Mitglieder von Teams haben Spaß. Diese Art von Spaß ist untrennbar mit ihrer (individuellen und kollektiven) Leistung verbunden.[9] Es entsteht, wie Markus Weise es nennt, eine Teamdynamik:»Und in London (bei den Olympischen Spielen 2012, Anm. d. Autoren) haben wir es geschafft, eine Teamdynamik aufzubauen. Wenn das gelingt, ist es praktisch egal, wer auf der anderen Seite steht. Dann entwickelt eine Mannschaft eine solche Kraft und Energie, dass alle Widerstände überwunden werden können. Da verschwindet jeder Zweifel, das ist eine ständig spürbare Energie. [...] Die Vorstellung, der Trainer halte eine einstündige Motivationsrede, dann brennt die Mannschaft, die rennen raus und spielen den Gegner in Grund und Boden – so ist es sicher nicht. 2004 sind wir mit den Frauen sicher nicht mit dem Ziel angetreten, mit Gold nach Hause zu fahren. Im Turnier hatte ich dann gehofft, dass ein Signal aus dem Team kommt. So war es dann auch. Es entscheidet immer die Mannschaft, was sie gewinnen will. Nie der Trainer.«[10]

Auch bei der Fußballweltmeisterschaft 2014 in Brasilien war es im Laufe des Turniers spürbar, dass die deutsche Nationalmannschaft definitiv überzeugt war und sich entschieden hatte, dass sie den Titel holen wollte. Nach dem 1:0-Sieg gegen Frankreich im Viertelfinale haben sich die Spieler gegenseitig zugerufen, dass sie jetzt nichts und niemand davon abhalten kann, das Turnier zu gewinnen. Dabei entstand eine ungeheure Dynamik und Energie, die jeden Einzelnen mitzureißen schien.

Wenn »Individuen und Egomanen« dazu gebracht werden können, in der Gruppe zu funktionieren und aus sich das Maximale herauszukitzeln, ist das auch ein Zeichen dafür, dass die Zusammenstellung des Teams gelungen ist. Die Zusammenstellung einer Gruppe ist relevant, weil einzelne Mitglieder während der Teamentwicklung unterschiedliche Rollen zugeschrieben bekommen. Deshalb ist es wichtig, unterschiedliche Persönlichkeiten in der Zusammenstellung zu berücksichtigen. Ein Team nur aus ähnlichen Charakteren zusammenzusetzen ist demnach nicht von Vorteil.

TEAMENTWICKLUNG

Schon in den 1960er-Jahren wurden die verschiedenen Phasen eines Teamentwicklungsprozesses beschrieben. Diese besitzen auch heute noch Gültigkeit.[11] Für die Steuerung von außen gilt, dass in jeder dieser Phasen Führung hilfreich und erforderlich ist. Das heißt, Trainer und ihr Verhalten sind maßgeblich beteiligt am Teamentwicklungsprozess und können durch bestimmte Interventionen einzelne Phasen günstig beeinflussen und beschleunigen (siehe Kapitel 8). Das bedeutet im Umkehrschluss: Trainer können die Teamentwicklung nicht der Gruppe überlassen. Sie müssen sich aktiv und initiativ dieser Entwicklung annehmen. Häufig wird das »Teambuilding« einer Mannschaft als einmaliges Event im Trainingslager absolviert. Manche Trainer halten es für vernachlässigbar, aber irgendwie sollte es dann eben doch gemacht werden. Zumindest wirft es für die Medien entsprechendes Bildmaterial ab.

Um aus einer Gruppe ein Team zu formen, ist es jedoch nicht mit einer Nachmittagsveranstaltung im Trainingslager getan. Teambildung muss im Alltag immer wieder gelebt und kommunikativ gestärkt werden.

Die erste Phase, die eine Gruppe auf dem Weg zu einem Team durchläuft, ist das sogenannte Forming.

FORMING

In dieser Phase lernen sich die Teammitglieder kennen und miteinander umzugehen. Man ist höflich, aber eher unpersönlich. Man geht vorsichtig miteinander um. Regeln der Zusammenarbeit werden formuliert und verabredet. In dieser Phase ist das Team vom gemeinsamen Funktionieren noch weit entfernt.

STORMING

In der zweiten Phase kommen Konflikte zum Vorschein und müssen bearbeitet und gelöst werden. Ebenso wie Vertrauen und gegenseitige Abhängigkeit ist auch der Konflikt ein notwendiger Faktor in der Entstehung eines echten Teams. Diese zweite Phase ist wichtig und sollte von Trainern und Funktionären nicht als problematisch angesehen, sondern begrüßt werden.

Nicht selten haben wir es erlebt, dass wir zum Trainer gerufen wurden, weil in der Mannschaft offene Konflikte ausgetragen wurden. »Lass sie in Ruhe und gib ihnen Zeit, den Streit auszutragen und zu einem Ende zu bringen!«, so sollte die Empfehlung an die Trainer dann lauten. »Sei froh – deine Mannschaft lebt und befindet sich in der Entwicklung. Da sind vorübergehende Konflikte etwas Normales!«

Bei einer Eishockeymannschaft führte eine solche Auseinandersetzung, bei der das Trainerteam nicht dazwischenging, sogar zu einem Mittelhandbruch eines Spielers, der daraufhin mehrere Wochen verletzungsbedingt ausfiel. Anschließende Gespräche mit den beiden Beteiligten und den Trainern führten letztlich zu einem positiven Ausgang der Auseinandersetzung. Mit Sicherheit hätte man es nicht so weit kommen lassen dürfen. Der Teamentwicklung schien dies dennoch gutzutun. Die Mannschaft, bei der man zunächst wenig Engagement für das Miteinander erkennen konnte, wurde – vielleicht auch, weil große Schwierigkeiten zutage kamen und deshalb in Gesprächen geklärt werden konnten – Pokalsieger und gewann die deutsche Meisterschaft.

Es liegt in der Verantwortung des Trainers, darauf zu achten, dass die Storming-Phase nicht aus dem Ruder läuft und auch nicht einfach übergangen wird. Wichtig ist, dass sie zu einem Ende gebracht wird. Es ist eine große Herausforderung für das Team und die Führungskräfte, die Konflikte konstruktiv zu Ende zu führen, anstatt sie einfach nur durchzustehen.[12]

NORMING

In der anschließenden Norming-Phase sind die Konflikte und Ausei-
nandersetzungen überwunden, die Teammitglieder finden ihre Rollen
und akzeptieren diese. Die Verantwortlichkeiten und Machtverhältnisse sind geklärt, die Mannschaft entwickelt verbindliche Werte und
Normen. Diese Werte und Normen sind nicht zu verwechseln mit den
in der Forming-Phase formulierten expliziten Regeln. Sie sind meist
implizit und unausgesprochen, erweisen sich allerdings häufig als sehr
wirksam, gerade weil sie nicht offengelegt werden und dadurch im Ver-
borgenen wirken.[13] Diese unausgesprochenen impliziten Regeln tragen
dazu bei, dass sich ein »Wir-Gefühl« zu entwickeln beginnt.

Bei der Rollenfindung ist zu beachten, dass neben der Position, die ein
Mitglied in einer Gruppe formal innehat, sein Status in der Gruppe einer sozialen, durch die anderen Mitglieder vorgenommenen Bewertung
unterliegt. Bei der Statuseinstufung wird sich auf Merkmale berufen,
die die Gruppe vor dem Hintergrund ihres Normensystems als relevant erachtet. Im Hinblick auf Führungspersonen im Team lässt sich
zwischen informellen und formellen Führungspersonen unterscheiden. Formelle Führungspersonen sind Spielführer sowie Trainer. Sie
haben qua Amt Führungsfunktion und Führungsverantwortung und
damit legitimierte Macht. Das reicht aber bei Weitem nicht aus, um
ein Team zur Höchstleistung zu führen. Es ist zusätzlich wichtig, dass
die einzelnen Teammitglieder die Führungsposition einer Person aufgrund ihrer fachlichen Kompetenz anerkennen. Macht durch Anerkennung ist sehr viel wirksamer als Macht durch Legitimation.[14]

In diesem Zusammenhang ist es interessant mitzuerleben, wie zum
Beispiel Trainer im Profifußball, die eine Mannschaft neu übernehmen,
ihre Rolle interpretieren und legitimieren. Häufig findet die erste Ansprache (Trainervorstellung) in der Kabine oder im Besprechungsraum
der Mannschaft statt. Die Strategien, die Trainer wählen, um schon bei
diesem Erstkontakt die Anerkennung der Spieler zu erlangen, sind sehr
unterschiedlich. Der Versuch, über die zurückliegenden Erfolge als
Trainer (oder auch als Spieler) zu punkten, macht meist nur kurzfris-
tig Eindruck. Sich die Anerkennung der Mannschaft durch die täg-

liche Arbeit auf dem Platz zu verdienen ist viel schwieriger, aber sehr viel wirkungsvoller und nachhaltiger.

In vielen Hochleistungsteams wird die Führung geteilt.[15] Die formalen Führungspositionen bleiben zwar bestehen, sind aber meist Äußerlichkeiten oder dienen dem Auftreten nach außen, insbesondere gegenüber den Medien. In Hochleistungsteams ist es häufig möglich, dass alle Teammitglieder ohne Weiteres Initiative ergreifen. Die Kombination aus intensivem Einsatz füreinander und für die gemeinsame Sache, geteilter Führung und austauschbaren Fähigkeiten macht Hochleistungsteams eigenständig.

Im Gegensatz zur formellen Führungsperson kann die Rolle der informellen Führungsperson prinzipiell jeder übernehmen. Sie hat keinerlei offiziellen Führungsauftrag, genießt aber Anerkennung und einen hohen sozialen Status. Auf sie wird gehört, sie macht die Meinung oder ist »im Lead«. Die Macht der informellen Führungsperson basiert in erster Linie auf ihrem Einfluss auf die Gruppe. Sie kommt als Person der Verwirklichung der Gruppennormen gewöhnlich sehr nahe, sorgt also dafür, dass Gruppennormen erfüllt sind. Was allerdings nicht heißt, dass sich informelle Führungspersonen in einem Team selbst immer streng gemäß der Gruppennorm verhalten müssen. Ihr hoher Status gibt ihnen einen größeren Verhaltensspielraum, sodass sie eher sanktionsfrei von der Gruppennorm abweichen können als andere Teammitglieder.

Es gibt auch Normen, die nur für einzelne Gruppenmitglieder in bestimmten Situationen gelten. Sie nehmen dann eine ganz bestimmte Rolle im Team ein, die ein wichtiges Bindeglied zwischen Individuum und Gruppe darstellt. Ein recht allgemeines, schon etwas älteres, aber sehr praktikables Modell zur Beschreibung charakteristischer Teamrollen unterscheidet drei große Gruppen:[16]

- Rollen zur Erreichung von Gruppenzielen (zum Beispiel die Rolle des Führers, des Spielmachers, des Organisators),
- Rollen zur Regelung der Beziehung zur Umwelt (zum Beispiel die Rolle des Vertreters der Gruppe oder des Sprechers) und

- Rollen zur Erhaltung des Gruppenzusammenhalts (zum Beispiel die Rolle der sozioemotionalen Führungsperson, des Schlichters, des besonnenen Ratgebers, des Clowns etc.).

▶ *Exkurs: Soziale Architektur*

Rollenverteilungen und Prozesse in einem Team sind durch das Modell der »sozialen Architektur«[17] nachvollziehbar. Es zeigt, ob und wie ein Team die inneren und äußeren Anforderungen, die ihm gestellt werden, bewältigt. Nach diesem Ansatz benötigt ein Team ein festes Fundament als Basis und stabile Träger für eine belastbare Konstruktion. Wie bei einem Gebäude eine Sanierung möglich ist, kann auch bei Teams eine Überprüfung der Stabilität und bei Bedarf eine Sanierung vorgenommen werden.

Das Modell sieht vier Dimensionen vor, die menschliches Verhalten im Team abdecken sollen: Ordnung versus kreative Offenheit, Unabhängigkeit versus Verbundenheit, Gefühlskontrolle versus Gefühlsausdruck und Einflussnahme versus Zurückhaltung (siehe Abb. 1). ◀

Jedes Team baut im Rahmen und mithilfe dieser Dimensionen sein eigenes Gebäude. Je nachdem, auf welche Eigenschaften und Verhaltensweisen das Team Wert legt, wählt es die entsprechende Stelle der Vierfeldertafel als sein Fundament, seine Basis aus gemeinsamen Wertvorstellungen. Jedes Teammitglied wird dann in Form eines Kreises auf der Vierfeldertafel positioniert – dies am besten durch eine Person, die einen guten Einblick in das Team und das Teamgeschehen hat. Je höher die Einflussnahme der einzelnen Personen ist, desto größer wird der Kreis. Zusätzlich wird durch Färbung der Kreise in einer der drei Graustufen verdeutlicht, wie stark die Gefühlskontrolle der jeweiligen Person ist (siehe Abb. 2).

In Abbildung 2 sieht man beispielhaft ein Team, in dem ein Teil der Mitglieder eher zielgerichtet und gefühlskontrolliert ist, der andere zeigt sich zwischenmenschlich verbundener und drückt seine Gefühle eher aus, geht dafür aber weniger zielgerichtet vor. Die Gruppe in den oberen Feldern könnte als eher aufgabenorientiert beschrieben werden und die im unteren Feld als kontaktbezogen und freund-

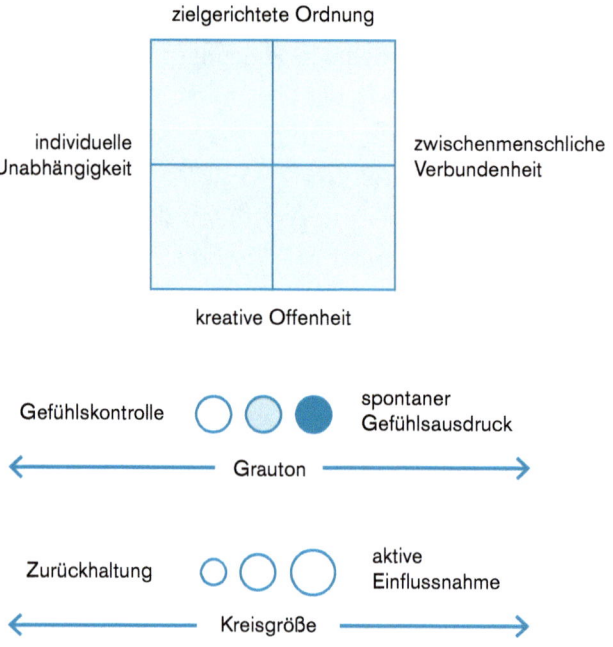

Abb. 1: »Soziale Architektur« von Teams: Zwei der Dimensionen stellen eine Vierfeldertafel dar. Zwei weitere Dimensionen werden durch Kreise, die für die Personen stehen, beschrieben.[18]

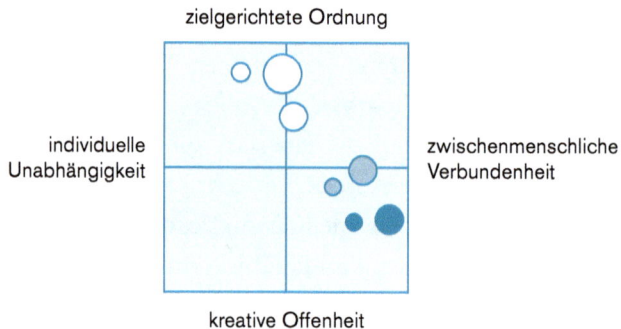

Abb. 2: Beispiel einer »sozialen Architektur« eines Teams nach dem Modell von Redlich (2007)

schaftlich. Auffällig an diesem Beispiel ist, dass das Feld unten links komplett unbesetzt ist. In diesem Team gibt es also keine Mitglieder, die unabhängig und kreativ arbeiten, was ein Hinweis auf den fehlenden Raum für Unangepasstheit und Kreativität sein könnte. Solche oder ähnliche Auffälligkeiten können mithilfe dieses Modells aufgedeckt werden. In einem weiteren Schritt kann diskutiert werden, ob die unterschiedlichen Positionen der einzelnen Mitglieder unter Umständen zu Spannungen führen können und ob sich diese von alleine ausbalancieren oder eher blockierend wirken. Die Grafik bietet also einen schnellen und guten Überblick über die Zusammensetzung des Teams und macht deutlich, ob beziehungsweise wo es Schwachstellen gibt oder geben könnte und ob es in dem Team die gewünschten Rollenträger gibt, die das Gebäude »festigen« sollen.

Haben sich für die einzelnen Teammitglieder passende Rollen gefunden, dann kann das Team die letzte Stufe der Teamentwicklung erreichen, das Performing.

PERFORMING

Ist die Performing-Phase erreicht, hat sich aus der Gruppe ein leistungsfähiges Team entwickelt, das konstruktiv und produktiv an den Aufgaben arbeitet, deren Bewältigung zum Erreichen des gemeinsamen Zieles beiträgt. Es ist wichtig, zu akzeptieren, dass diese Perfoming-Phase labil und durch entsprechende Störungen von innen oder außen permanent gefährdet ist. Der Trainer muss stetig an diesem labilen Gleichgewicht arbeiten, fein adjustieren und geschickt moderieren (siehe Kapitel 8).

Um aus einer Gruppe von Höchstleistenden ein perfekt funktionierendes Ensemble zu entwickeln, bedarf es sehr sensibel und behutsam vorgehender Trainer. Die zentrale Kompetenz dieser Führungskräfte liegt nicht (mehr) vorrangig im Fachlichen (Fachkompetenz), sondern vielmehr im Sozialen (Sozialkompetenz): in der Fähigkeit, Stimmungen rechtzeitig zu erfassen, geschickt zu kommunizieren und – vor allem – die jeweiligen Protagonisten einzubeziehen, ihnen ihre Wichtigkeit zu geben.

Im Folgenden sollen die Besonderheiten der Rolle des Trainers im Spitzensport thematisiert werden. Bei diesen Besonderheiten geht es um Rahmenbedingungen, unter denen Trainer agieren. Diese Rahmenbedingungen sind insofern interessant, als sie eine Verschärfung der Führungssituation im Vergleich zur Wirtschaft darstellen.

③ FÜHRUNG IM SPITZENSPORT

Die Trainerrolle im Spitzensport ist durch drei auffallende Merkmale gekennzeichnet:[19]

1. Erfolgsorientierung,
2. Öffentlichkeit des Rollenhandelns,
3. Fristigkeit des Rollenhandelns.

Hinzu kommt die Abhängigkeit von anderen – die Herausforderung, Kontrolle abzugeben.

ERFOLGSORIENTIERUNG

Das zentrale Kriterium im Spitzensport ist der direkt messbare Erfolg, der sich in Siegen, Punkten, Platzierungen und Tabellenständen widerspiegelt. Das hat zur Folge, dass die im Spitzensport exponierten Erfolgstrainer das Image der Berufsgruppe bestimmen. Besondere berufliche Qualifikation, außergewöhnliches Wissen oder pädagogisch-psychologische Fähigkeiten zählen kaum und sind für die Beurteilung eines Trainers häufig vollkommen ohne Belang. Im Gegenteil: Es ist sogar schon vorgekommen, dass bei ausbleibendem Erfolg die Qualifikation des Trainers zum Vorwurf gemacht wird. Die Aussage »Dieser Trainer ist zu pädagogisch!« verdeutlicht auf extreme Art und Weise das Prinzip der Erfolgsorientierung.

Nur wenige Trainer schaffen es, sich von dieser einseitigen Ausrichtung ihrer Arbeit frei zu machen. Uwe Krupp, ehemaliger Bundestrainer der deutschen Eishockeynationalmannschaft, nimmt in einem Interview die notwendige Differenzierung vor: »Es ist intern wichtig für uns, so sachlich wie möglich zu bleiben. Wenn wir verlieren, ist nicht alles schlecht. Wenn wir gewinnen, ist nicht alles gut. [...] Wir bewerten unsere Arbeit nicht allein daran, wie viele Spiele wir gewonnen oder verloren haben. Wir schauen insgesamt, ob uns die Arbeit gelungen ist und wir einen guten Job gemacht haben.«[20]

In einer Studie aus dem Jahr 2011, die die Verweildauer von Bundesligatrainern mit der von CEOs aus Wirtschaftsunternehmen vergleicht,[21] ergibt die Analyse unter anderem, dass der Verbleib eines Trainers in der Bundesliga enorm abhängig ist von der messbaren Leistung seiner Mannschaft: 63 Prozent aller Trainerentlassungen erfolgen aufgrund offenkundiger Erfolglosigkeit. Zum Vergleich: Nur zehn Prozent der an der Studie damals beteiligten CEOs wurden entlassen, weil die Leistung des Unternehmens nicht den Erwartungen entsprach. Diese Zahl hat sich in den letzten Jahren eindeutig erhöht.

Dennoch: Betrachtet man die Unterschiede in der offiziellen Begründung des Führungswechsels, wird deutlich, dass die Einschätzung der individuellen Leistung eines CEOs stärker und sein unmittelbarer Einfluss auf die Unternehmensperformance etwas schwächer gewichtet wird als bei Trainern in der Bundesliga. Ein Fazit dieser Studie: Selbst wenn ein Trainer individuell seine Leistung erbringt, sich diese aber nicht in Punkten und Toren widerspiegelt, wird es eng um seinen Job.

Diese Festlegung auf Ergebnisse kann Trainer dazu verleiten, Dinge, die de facto außerhalb ihrer Kontrolle liegen, als durch sie kontrollierbar einzuschätzen und sich dadurch zu stark auf sich selbst und ihre Leistung zu fixieren. Man nennt diesen systematischen Fehler in der Fachterminologie Rückschaufehler.[22] Der Rückschaufehler beruht auf der mangelnden Fähigkeit des menschlichen Verstandes, vergangene Wissenszustände oder Überzeugungen, die sich gewandelt haben, zu rekonstruieren. Sobald man von einer neuen Sicht der Dinge überzeugt ist, verzerrt sich die Erinnerung an das, was man glaubte, ehe man seine Einstellung änderte.[23] In der Rückschau werden dann beispielsweise mit Erfolg belohnte Entscheidungen, die nahezu unausweichlich immer auch Unsicherheit und Risiko enthalten, kaum als »glücklich«, sondern meist als wissend und umsichtig bewertet.

Selten nur erlebt man es, dass Trainer nach riskanten Entscheidungen, die dann zum Erfolg geführt haben, die Backen aufblasen und sich mit einem »Glück gehabt«-Seufzer den Schweiß von der Stirn wischen. Allerdings wird diese Neigung zum Rückschaufehler auch von manchen Trainern erkannt, und nach offensichtlich glücklichen Siegen kommt ihnen ein »Wieder alles richtig gemacht!«-Statement mit einem deutlichen ironischen Grinsen über die Lippen.[24] Dem Rückschaufehler unterliegen natürlich auch diejenigen, die Trainer und ihr Handeln beurteilen. Auch sie bewerten die Qualität einer Entscheidung kaum danach, ob die Entscheidungsfindung nachvollziehbar und zum gegebenen Zeitpunkt vernünftig war, sondern fast ausschließlich nach dem erzielten Ergebnis, das – ob positiv oder negativ – als solches isoliert betrachtet wird.

Diese Art der kognitiven Täuschung ist eng verwandt mit der sogenannten Erkenntnis-Illusion *(Story Bias).*[25] Sie besagt, dass das Erzählen von Geschichten die Wirklichkeit insofern verdreht und vereinfacht, als der erzählten Realität nachträglich Sinn verliehen und dafür alles, was nicht passt, verdrängt wird. So wird nahezu jedes Verhalten von Spielern in der Videoanalyse (nicht selten) mehrfach angesehen, um sich letztlich »einen Reim darauf« zu machen, das Verhalten in der Rückschau zu erklären.

Rückschaufehler und Erkenntnis-Illusion sind hartnäckige und gravierende Denkfehler. Sie führen zu der Illusion, man habe die Vergangenheit verstanden, was wiederum die Folgeillusion nährt, man könne die Zukunft vorhersagen und kontrollieren. Im Alltag empfindet der Mensch diese Illusionen als beruhigend, er hat das sichere Gefühl, die Dinge erklären zu können. Die Denkfehler können zu einer Selbstüberschätzung führen und dazu verleiten, falsche Entscheidungen zu treffen.

Häufig passiert es auch, dass sich Menschen von einer Eigenschaft einer Person blenden lassen und ihre gesamte Persönlichkeit danach beurteilen, ohne dafür eine Grundlage zu haben. Dieses Phänomen wird als Halo-Effekt bezeichnet. Wenn zum Beispiel der Trainer einer Mannschaft in der Zeit der sportlichen Erfolge als flexibel, methodisch einwandfrei und entscheidungsfreudig gelobt wird, entbehrt diese pauschale Beurteilung genauso jeglicher stichhaltigen Grundlage wie die Abqualifizierung desselben Trainers als orientierungslos, starr und autoritär – oder auch als zu pädagogisch – nach anhaltendem Misserfolg.

▶ *Experiment: Halo-Effekt*[26]

Der Halo-Effekt wurde besonders von dem auf Verhaltensstudien und die Untersuchung von Lernvorgängen spezialisierten amerikanischen Psychologen Edward Lee Thorndike wissenschaftlich untersucht. So ging er beispielsweise zur Zeit des Ersten Weltkriegs der Frage nach, wie Vorgesetzte ihre Untergebenen beurteilen. Dafür bat er Offiziere, ihre Soldaten nach bestimmten Kriterien wie Intelligenz, Kondition, Führungsqualitäten, Charakter etc. zu bewerten. Während einige wenige »Star-Soldaten« in fast allen Kriterien hervorragende Noten erhielten, blieben andere in so gut wie allen Kriterien unter dem Durchschnitt. ◀

Die völlig gegensätzlichen Beschreibungen ein und derselben Person können nur durch das Kriterium des Erfolgs als einzigem Beurteilungsmaßstab erklärt werden. Dieses Sich-blenden-Lassen tritt besonders dann auf, wenn sich entweder die zu beurteilende Person durch besondere, markante Eigenschaften oder Verhaltensweisen auszeichnet oder aber der Beurteiler speziell auf ein bestimmtes Merkmal (zum Beispiel Erfolg) Wert legt.

Der Halo-Effekt bewirkt, dass kausale Beziehungen verdreht werden. In diesem Fall wird das Scheitern von Teams angeblich unflexiblen Trainern angelastet, die nur deswegen unflexibel erscheinen, weil die Mannschaft schlecht spielt.

Besonders der kurzfristige Erfolg beziehungsweise Misserfolg ist nie zwingend kausal mit adäquatem oder nicht adäquatem Führungsverhalten in Verbindung zu bringen. Wahrnehmungsverzerrungen können zum einen dafür sorgen, dass Trainer entlassen werden, wenn Erfolg ausbleibt, obwohl sie auf dem »richtigen Weg« waren. Zum anderen können sie auch dafür sorgen, dass an Trainern festgehalten wird, die nur aufgrund dieser Verzerrungen für den Erfolg ihres Teams verantwortlich gemacht werden. Durch Rückschaufehler, Erkenntnis-Illusion und Halo-Effekt wird Erfolg dann doch kausal mit der Persönlichkeit des Trainers und dem Führungsverhalten in Verbindung gebracht. Als Trainer möchte man verständlicherweise einen eindeutigen Zusammenhang zwischen der eigenen Person, dem eigenen Verhalten und dem erreichten Erfolg vermuten.

Insofern ist es auch eine wichtige Fähigkeit, solche selbstbezogenen Annahmen zu überwinden sowie rational und frei von Emotionen auf Erfolg zurückzublicken. In einer sprachlich für ihn typischen Art beschreibt dies der ehemalige Dortmunder Fußballtrainer und heutige Coach des FC Liverpool Jürgen Klopp mit einem Beispiel aus seinem Alltag: »Ich hatte am Montagmorgen nach der Meisterschaft dieselben Probleme wie am Samstagmorgen vor der Meisterschaft. Und mein Aufschlag auf den Boden der Realität war überaus drastisch. In der Nacht von Sonntag auf Montag war ich viermal mit unserem Hund im Garten und habe mich nassregnen lassen. Denkt man ja auch nicht, dass man gerade den Titel verteidigt hat und in der zweiten Nacht danach seinem durchfallkranken Hund zuschaut. Es war ein richtiges Zurückholen und hat gezeigt, es verändert sich einfach wenig. […] Es verändern sich sicher die Dinge um einen herum, und man muss sein Verhalten anpassen. […] Aber meine Selbstwahrnehmung und die Wahrnehmung der Menschen mir gegenüber, die mir wichtig sind, ändern sich nicht. Ich glaube, eine gewisse Intelligenz reicht aus, um komplett klar zu bleiben.«[27] Drastischer bringen es die Bergsteiger Thomas und Alexander Huber in dem Dokumentarfilm *Am Limit* auf den Punkt: »Wer glaubt, dass er oben steht, dass er es geschafft hat, liegt im Grab. Wenn du glaubst, dass du ganz oben stehst, kommt der harte Fall – das ist vorprogrammiert.«[28]

ÖFFENTLICHKEIT DES ROLLENHANDELNS

Aufgrund des medialen Interesses am Spitzensport sind viele Athleten und Trainer in der Öffentlichkeit bekannt. Die Präsenz in Fernsehen, Internet und Printmedien wird insofern als angenehm und karrierefördernd empfunden, als auch Sponsorenverträge direkt davon abhängig gemacht werden. Sie kann aber genauso zur lästigen Pflicht werden, spätestens dann, wenn der sportliche Erfolg ausbleibt. Dabei sind Trainer als Schnittstelle zwischen Medien und Athleten oder Team die besonders gefragten Ansprechpartner. Sie müssen sich eine Überprüfung und Durchleuchtung ihrer Arbeit gefallen lassen. Ihr Wissen, die Maßnahmen, die sie (nicht) ergreifen, ihre Entscheidungen, alles das wird permanent, zudem oft von Laien, hinterfragt. Ihre Äußerungen werden – oft aus dem Zusammenhang gerissen – in der Öffentlichkeit spitzfindig analysiert und beliebig interpretiert, und diese Interpretation wird meinungsbildend verbreitet. Insbesondere das Internet mit der Möglichkeit, in (Fan-)Foren oder durch Kommentarfunktionen von Online-Artikeln anonym die Leistung von Spielern und Trainern zu kommentieren, zeigt, dass sich nahezu jeder das Recht und die Kompetenz zuschreiben kann, Handeln und Wirken von Trainern zu beurteilen.

Auch hier wird natürlich mit der Beurteilung von Wettkampf, Sieg oder Niederlage die Trainerarbeit häufig unreflektiert auf die Dimension Erfolg oder Misserfolg reduziert. Auch die Öffentlichkeit verfällt permanent dem Rückschaufehler, der Erkenntnis-Illusion und dem Halo-Effekt. Exklusives Wissen oder pädagogisch-psychologische Fähigkeiten des Trainers werden wenig beachtet oder schlicht mit Erfolg gleichgesetzt (siehe Erfolgsorientierung).

Für Trainer im Hochleistungssport kommt es also nicht primär darauf an, ihre Einzelkompetenzen, wie beispielsweise pädagogisch-psychologisch gute Arbeit, unter Beweis zu stellen. Sie müssen zuallererst Erfolg präsentieren. Denn die Öffentlichkeit, die den Trainer quasi kontrolliert, nimmt bei Misserfolg oder einer Niederlagenserie nur allzu schnell eine Personalisierung der Niederlage vor und verlangt auch den

Rausschmiss des Trainers. Womit wir beim dritten Rollenmerkmal von Trainern angekommen sind, der Fristigkeit des Rollenhandelns.

FRISTIGKEIT DES ROLLENHANDELNS

Trainer, wie auch Vereine, Klubs, Verbände etc., sind von ständigen Erfolgsmeldungen abhängig. Sportler sowie Trainer stehen permanent unter Erfolgsdruck und damit unter Zeitdruck. Im Falle von (gravierendem oder anhaltendem) Misserfolg reagiert das System durch Austausch des Rollenträgers: Der Trainer wird entlassen, ein anderer wird eingestellt, ohne dass darüber hinaus eine Änderung eintreten müsste. In der bereits zitierten Vergleichsstudie[29] zur Verweildauer von Bundesligatrainern und CEOs findet sich eine Art »Prototyp« des aktuellen Bundesligatrainers. Demnach ist der durchschnittliche Bundesligatrainer männlich, bei Amtsantritt 46 Jahre alt, ehemaliger Bundesligaspieler in Mittelfeld oder Abwehr, hat wenig bis keine Auslandserfahrung als Trainer gesammelt und ist extern (das heißt von außerhalb des Vereins) in das Cheftraineramt berufen worden. Zum Vergleich: Nach den Studien von Stefan Hilger und Kollegen[30] ist der Prototyp des deutschen MDAX-CEOs männlich, bei Amtsantritt 52 Jahre alt, hat BWL, Ingenieur- oder Naturwissenschaften studiert, eine Doktorarbeit geschrieben oder einen MBA gemacht, hat Führungserfahrung im Ausland gesammelt und ist innerhalb des Unternehmens bis zur Chefposition aufgestiegen.

Während also Bundesligatrainer für ihre berufliche Entwicklung vom Übungsleiter zum Cheftrainer den Verein wechseln müssen und Cheftrainerposten in den Vereinen kaum mit fähigen Trainern desselben Vereins besetzt werden, legen Firmen bei der Auswahl von CEOs viel größeres Gewicht auf langjährige firmeninterne Berufserfahrung: 77 Prozent aller betrachteten Neubesetzungen erfolgten durch unternehmensinterne Kandidaten. Sogenannte *High Potentials* werden in Unternehmen systematisch über Jahre durch Jobrotation, Auslandsstationen, Weiterbildungs- und Studienangebote aufgebaut, um sie auf künftige Führungsaufgaben im Unternehmen vorzubereiten. Aus diesem Talentpool von Führungsnachwuchskräften werden Leitungsfunktionen besetzt.

Im Vergleich zu Wirtschaftsunternehmen ist die Weiterbildung für Trainer mehr oder weniger freiwillig. Zwar bilden sich auch Fußballbundesligatrainer fort, dies geschieht aber weit weniger systematisch und geht in den meisten Fällen nicht über gelegentliche Weiterbildungsveranstaltungen nach Erwerb der Trainerlizenz hinaus. »Mit dem Erwerb des Fußball-Lehrers endet die formale Ausbildung eines Bundesligatrainers«, erklärt der ehemalige Nachwuchskoordinator des FC Bayern München, Werner Kern. »Die Weiterbildung ist dem Trainer selbst überlassen.«[31]

Der Trend weist allerdings in eine Richtung, die gerade von jungen Trainern (auch in der Fußballbundesliga) vorgemacht wird: ein Hochschulstudium parallel zur Trainerausbildung, was zusammen ganz andere Voraussetzungen für diese anspruchsvolle Tätigkeit ergibt.

Der Trainer-CEO-Vergleich macht außerdem deutlich, dass Bundesligatrainer ein riskanterer Job ist und im Durchschnitt mit deutlich geringerer Risikoprämie versehen wird. Die Wahrscheinlichkeit, Cheftrainer in der Bundesliga zu werden, ist ähnlich gering wie der erfolgreiche Aufstieg zum CEO. Dennoch werden Bundesligatrainer häufiger entlassen, verbleiben kürzer im Amt und verdienen wesentlich weniger als CEOs.

Während der Mittelwert der Verweildauer von Trainern nach der zitierten Studie bei 1,2 Jahren (Median) lag, weist die Amtszeit von CEOs einen Mittelwert von 5,1 Jahren (Median) auf. Jürgen Klopp erklärte dazu: »Der Trainerjob kann ein Drecksjob sein. Er ist für viele Kollegen ein Schleudersitz: Bevor sie zeigen konnten, was sie draufhaben, sind sie wieder weg vom Fenster. Dann fragt keiner: ›Woran lag es eigentlich?‹«[32] Die Sozialpsychologie spricht in diesem Zusammenhang von einem fundamentalen Attributionsfehler,[33] der auf die verbreitete Neigung zurückgeht, den Einfluss von einzelnen Personen auf einen Sachverhalt systematisch zu überschätzen und dafür äußere, situative Faktoren zu unterschätzen.

Der Attributionsfehler zeigt uns, dass wir die Bedeutung einzelner Personen, Rollen oder Aspekte in einem komplexen Geschehen nicht überschätzen sollten. Im Zuge der Relativierung der Bedeutung wird auch die Einflussmöglichkeit relativiert, womit wir bei der letzten Besonderheit der Trainerrolle im Hochleistungssport wären: der Herausforderung, Kontrolle abgeben zu können.

ABHÄNGIGKEIT VON ANDEREN – DIE HERAUSFORDERUNG, KONTROLLE ABZUGEBEN

Trainer sind, was ihren Erfolg anbelangt, in einer weitestgehenden Abhängigkeit von den Protagonisten auf dem Spielfeld. Sie können den heiß umkämpften Erfolg nur über andere, die Sportler, erreichen.[34] Im Eishockey gibt es den Spruch »Die Macht sitzt in der Kabine!«. Er macht deutlich, wie abhängig Trainer von der Performance und damit auch von der Bereitschaft zur Performance ihrer Spieler sind. Insofern ist es in ihrem eigenen elementaren Interesse, dass sie einen Zugang zu jedem einzelnen Spieler finden. Denn die Leistung eines Teams hängt fast immer davon ab, wie gut es Trainern gelingt, eine Balance zu finden zwischen dem Bemühen, etwas selbst zu tun, und der Bereitschaft, Kontrolle abzugeben.

Wahrscheinlich bezog sich Jürgen Klopp auf diese Balance, als er sagte: »Ich wollte immer Trainer werden, aber gestört hat mich, dass ich glaubte, so extrem abhängig von der Mannschaft zu sein. Als mir klar wurde, welchen Einfluss ein Trainer auf die Leistung einer Mannschaft hat, war das für mich ein ganz wichtiger Punkt.«[35]

Diese Balance der geteilten Führung als Leistungsprinzip findet sich auch in der Natur: Die sogenannte Schwarmintelligenz ist ein Synonym für effektives und synergetisches Handeln von Hochleistungsteams. Gemeinsames Kennzeichen von Schwärmen ist die konsensbasierte Entscheidungsfindung im Kollektiv.[36] Lange Zeit glaubte man, es gäbe einen Anführer im Vogelschwarm oder eine Koordination auf Basis telepathischer Kommunikation. Heute weiß man, dass jeder einzelne Vogel eine Änderung der Flugroute seines Schwarms initiieren kann. Starre, hierarchisch geprägte Top-down-Führungsstrukturen nach dem Motto »Folgt mir, weil ich der Chef bin und es besser weiß« sind für eine kollektive Leistungsentwicklung unpassend. Erst wenn jeder Einzelne im Team sich einbringen und entwickeln kann, lässt sich das volle Potenzial der Schwarmintelligenz ausnutzen.[37] In der Übertragung auf die Trainerrolle bedeutet das, dass engagierte Trainer selbstverständlich Trainingsplanung, Saisonplanung und Trainingsgestaltung vorgeben, sich selbst aber im entscheidenden Moment, zum Zeitpunkt des Spiels, zurücknehmen können und die kollektive Intelligenz des Teams »moderieren«.

Um dies zu erreichen, muss ein Trainer einen Teil des Kommandos abgeben, die vollständige Kontrolle ablegen. Das bedeutet, dass auch er einige bedeutende Risiken auf sich nehmen muss. Trainer müssen lernen, den Spielern in dem Maß Entscheidungsfreiheit zu geben, in dem sie es anzunehmen und zu nutzen bereit sind. Eben dies ist das Wesentliche an der Aufgabe eines Trainers: die Balance zu finden zwischen Lenkung einerseits und der Abgabe von Kontrolle andererseits. Und dieser heikle Balanceakt gestaltet sich von Team zu Team und von Situation zu Situation unterschiedlich.[38] Auch die Autoren der Vergleichsstudie[39] kommen – erwartungsgemäß – zu dem Ergebnis: Den für alle Vereine gleichermaßen erfolgreichen Trainertyp gibt es nicht. Nur selten lassen sich die Erfahrungen, die ein Teamführer mit einem Team gesammelt hat, eins zu eins auf ein anderes Team übertragen. Ein bislang erfolgreicher Trainer kann in einem neuen Team mit seinen »Erfolgsmethoden« dramatisch scheitern. Ein wirklich erfolgreicher Trainer bekommt solch einen Wechsel gut hin, weil er sich und die gewählten Methoden geschickt an das geänderte Team und Umfeld anzupassen weiß. Es gibt keine Standardansätze oder Rezepte, die die erfolgreiche Führung eines Teams garantieren könnten. Selbst innerhalb ein und desselben Teams verändert sich die Rolle des Trainers im Verlauf des Teamprozesses fast ständig. Während sich die Mannschaft zu einem echten Team entwickelt, verändern sich zwangsläufig auch die Aufgaben des Trainers. Die formelle Autorität mag unverändert bleiben – aber die Entscheidung, wann, ob und wie sie eingesetzt wird, verlagert sich.

Die Herausforderung für einen Trainer besteht darin, genau aufzupassen, was vor sich geht und in welcher Beziehung diese Vorgänge zur Aufgabe des Teams stehen. Das bedeutet, der Trainer sollte in der Lage sein, systemisch zu denken, zu analysieren und die passenden Schlüsse zu ziehen.

4 SYSTEMISCH DENKEN – TRANSFORMATIONAL FÜHREN

Systemisches Denken geht zurück auf die von dem österreichischen Biologen Ludwig von Bertalanffy[40] 1937 geprägte und von ihm selbst so genannte Allgemeine Systemlehre. Darin sind Systeme als Gebilde definiert, die aus einer Menge miteinander verknüpfter Elemente bestehen. Bertalanffy unterscheidet zwischen »geschlossenen« Systemen (zum Beispiel Maschinen) und »offenen«, lebendigen Systemen, die dadurch gekennzeichnet sind, dass sie in einem Austausch mit ihrer Umwelt stehen. Grundsätzlich zählen Lebewesen, also auch der Mensch, zu offenen Systemen. Die Interaktion mit der Umwelt (und anderen lebendigen Organismen) ist ein wesentliches Merkmal des Lebendigen. Die einzelnen Elemente, ihre Relationen, Funktionen und Ziele, des Systems sind dem Systemganzen untergeordnet, das bedeutet, lebende Systeme entwickeln eine Eigendynamik, die sie aktiv aufrechterhalten (Metabolismus), um einen Zustand des Gleichgewichts (Homöostase) zu erreichen. Aufgrund von Außeneinwirkungen, denen offene Systeme zwangsläufig ausgesetzt sind, geraten sie jedoch immer wieder in ein Ungleichgewicht (Heterostase). Deshalb müssen sie kontinuierlich Energie in die Wiedergewinnung des Gleichgewichts investieren. Für diese innere Dynamik, die Voraussetzung allen Lebens ist, hat sich allgemein der Begriff der »dynamischen Stabilität« durchgesetzt. Die Funktionsweise eines offenen Systems, wie der Mensch eines ist, lässt sich anhand der Metapher einer »nicht trivialen Maschine«[41] gut veranschaulichen. Im Unterschied zu trivialen Maschinen, die für einen Beobachter potenziell vollständig durchschaubar und infolgedessen auch steuerbar sind, unterliegen nicht triviale Maschinen einem ständigen Wandel und weisen eine Eigendynamik auf, die sich der genauen Analyse und Regulation von außen entzieht. Das heißt konkret: Menschen sind von außen nicht vollständig zu durchschauen und entziehen sich einer simplen Regulation. Somit erklärt sich auch, weshalb die Aufforderung »Make them go!« nicht so einfach umzusetzen ist.

Die Biologen und Erkenntnistheoretiker Humberto Maturana und Francisco Varela entwickelten mit dem Konzept der Selbstorganisation[42] eine Weiterführung des systematischen Verständnisses des Lebendigen. Der Begriff der »Selbstorganisation« als Charakteristikum des Lebendigen impliziert Autonomie, denn Selbstorganisation verläuft nach systemeigenen Gesetzen und nach systemeigener Logik (entsprechend der nicht trivialen Maschine). Selbstorganisierende Systeme sind demnach energetisch offen (um Energie für die dynamische Stabilität zuzuführen), aber autonom und damit operational geschlossen, operieren also nach systemeigener Logik (siehe Abb. 3).

Diese systemeigene Logik nennen Maturana und Varela die Struktur des Systems. Neben der für sie charakteristischen Selbstorganisation unterscheiden sich Lebewesen durch ihre jeweils unterschiedliche Struktur. Die Struktur eines Systems entwickelt sich aus der zugrunde liegenden genetischen Disposition

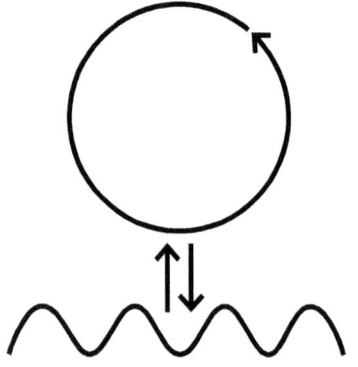

Abb. 3: Selbstorganisierendes System. Modifiziert nach Maturana, Varela 1987: Wellenlinie symbolisiert Umwelt, Kreis symbolisiert selbstorganisierendes System

ANLAGE UND UMWELT

Die Frage, wie viel Einfluss die Anlage (genetische Disposition) oder die Umwelt insbesondere auf die Persönlichkeit des Menschen haben, ist eine Debatte, die von Wissenschaftlern unterschiedlicher Disziplinen in den letzten Jahrzehnten intensiv geführt wurde. Besonders empirische Untersuchungen an Zwillingen sollen hierüber Auskunft geben.

▶ *Studie: Zwillingsstudien*

Im Rahmen einer groß angelegten Zwillingsstudie in Deutschland[43] wurden 300 gleichgeschlechtliche Zwillingspaare im Alter von 18 bis 70 Jahren jeweils einen Tag lang untersucht. Zudem lagen von diesen Zwillingen vielfältige Daten aus Fragebögen zur Selbst- und Fremdeinschätzung (Bekannte) vor, die mit den Beobachtungen verglichen werden konnten.

Es zeigte sich, dass die Unterschiedlichkeit (Gesamtvarianz) über alle Persönlichkeitsmerkmale zu 42 Prozent durch genetische Einflüsse, zu 18 Prozent durch Einflüsse der von den Zwillingen geteilten Umwelt und zu 35 Prozent durch Einflüsse der für den einzelnen Zwilling spezifischen Umwelt erklärt wird. ◀

Den aktuellen Stand der Debatte veranschaulichen Neuropsychologen mit einer Metapher, in der die genetische Ausgangsbasis als Klavier und der Einfluss der Umwelt als Pianist, der auf dem Klavier spielt, dargestellt ist. Je nach individueller genetischer Disposition fällt das Klavier eines Menschen in Größe und Ausstattung sehr unterschiedlich aus. Einmal passt das Instrument perfekt zum Pianisten, in anderen Fällen erweist es sich als viel zu klein und zu spärlich ausgestattet. Selbst wenn das Klavier nahezu perfekt ist (die genetische Ausgangssituation also optimal scheint), hängt es letztlich vom Pianisten (der Umwelt) ab, was er aus seinen Möglichkeiten macht. Das heißt, die Voraussetzung – das gute Klavier – ist kein Selbstgänger. Der Pianist selbst ist gefragt, er muss in der Lage sein, aktiv passende Formen der Interaktion für die vorgefundenen Bedingungen zu finden. Vielleicht kann sogar ein sehr guter Pianist mit einem relativ dürftig ausgestatteten Klavier noch beachtliche Musik ermöglichen.

KONSTRUKTIVISMUS

Dem systemischen Verständnis des Menschen liegt, als Erkenntnistheorie, die konstruktivistische Philosophie (Konstruktivismus)[44] zugrunde.

Das dahinterstehende Grundprinzip lautet: »Kein Objekt ohne Subjekt.«[45] Will sagen: Erkenntnis wird hier nicht als Abbildung einer immer schon vorhandenen, objektiven Wirklichkeit verstanden, sondern als eine subjektive Konstruktion, bei der etwas entsteht, das wir (auch durch sozialen Konsens) als Wirklichkeit akzeptieren.[46] Wirklichkeit ist nicht vom Beobachter zu trennen, sie wird konstruiert.[47]

Ein Beispiel: Aus Anatomie und Physiologie ist bekannt, dass unsere Augen kein objektiv gegebenes Bild, sondern zwei leicht versetzte Bilder erstellen. Die beiden Bilder werden vom linken und vom rechten Auge erzeugt und sind die Voraussetzung für räumliches Sehen. Sie sind jeweils mit einem blinden Fleck versehen (aufgrund der fehlenden Rezeptoren an der Stelle, an der der Sehnerv das Auge verlässt) und werden »auf dem Kopf stehend« auf die Netzhaut projiziert. Erst unser Gehirn erzeugt und konstruiert das zusammenhängende, harmonische Bild, das wir für die wahrgenommene Wirklichkeit halten.

Auch Bilder zum Phänomen der optischen Täuschung verdeutlichen uns, dass wir aktiv und konstruktiv gestalten, was wir für wahr und real erachten.

Wenn wir zum Beispiel Abbildung 4 bewusst betrachten, wird schnell deutlich, dass unser Verstand Sinn zu erzeugen versucht. Er sucht in der Erinnerung nach Erfahrungen, die mit seinen momentanen Sinneseindrücken in Verbindung gebracht werden können – ein aktiver, konstruktiver Prozess –, um ein »stimmiges« Bild zu erzeugen.

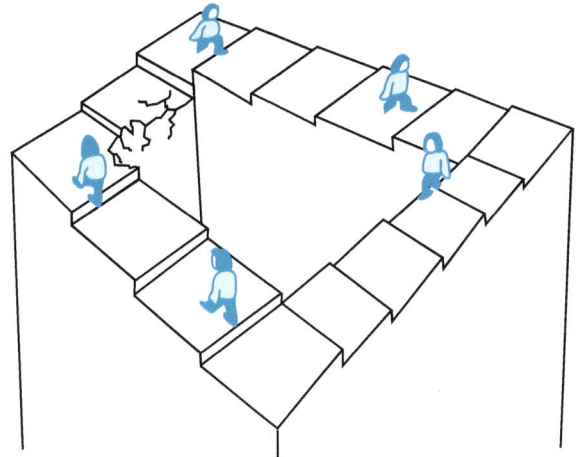

Abb. 4:
Wahrnehmungs-
täuschung

Wahrnehmung ist also letztlich eine Konstruktion des Gehirns, die auf besonderen Fähigkeiten unseres Wahrnehmungssystems basiert. Diese zählen zu den nicht bewusstseinsgesteuerten Leistungen des Gehirns und haben sich auf Basis genetischer Voraussetzungen in Verbindung mit langfristig und damit stabil angelegten Lern- und Erfahrungsprozessen entwickelt. Der Wahrnehmungsleistung liegt somit Information zugrunde, die unser Gehirn bereits in der Vergangenheit als sinnvoll gespeichert hat. Nur eine im Verhalten erprobte und für »richtig« oder »wichtig« erachtete Wahrnehmung wird im Gedächtnis verankert und liefert auf diese Weise wieder eine Basis für neue Wahrnehmungen beziehungsweise neues Verhalten.[48]

Für die Interpretation von Wahrnehmungseindrücken ist, wie bereits erläutert, die Struktur des Systems (die stabil verankerte Lernerfahrung) verantwortlich. Sie liefert intuitive Annahmen und lässt uns Wahrnehmungen in Abhängigkeit vom gegebenen Kontext interpretieren. Häufig halten wir an einer einmal getroffenen Interpretation erstaunlich lange fest. In den seltensten Fällen hinterfragen wir unsere gespeicherten Erfahrungen, die die Interpretation veranlassen. Denn es ist anstrengend und daher unangenehm, sich über die intuitiven Annahmen hinwegzusetzen – die Intuition ist hartnäckig, und sie macht es schwer, die Logik zu überprüfen und zu durchdenken.

Wird eine Wirklichkeitskonstruktion für wahr gehalten, glauben Menschen oft selbst haltlosen und schwachen Argumenten, die ihre Wahrnehmung untermauern. Dann gibt man sich – siehe Rückschaufehler beziehungsweise Erkenntnis-Illusion – mit naheliegenden, oberflächlichen Antworten auf Fragestellungen oder Probleme zufrieden, ohne auf die Idee zu kommen, nachzuhaken.

AUSTAUSCH ZWISCHEN SELBSTORGANISIERENDEN SYSTEMEN

Grundsätzlich nimmt ein selbstorganisierendes System Umwelteindrücke immer im Sinne der eigenen Struktur wahr und verarbeitet sie entsprechend weiter. Dabei befindet sich die Struktur ihrerseits aufgrund der inneren Dynamik in ständigem Wandel.

Da die Veränderungen, die selbstorganisierende Systeme durchlaufen, durch ihre Struktur determiniert sind, wirkt letztlich jede Außeneinwirkung als eine Störung, die wieder ausgeglichen werden muss und somit operational geschlossen (autonom) verarbeitet wird. Anders ausgedrückt: Bei den Interaktionen zwischen dem selbstorganisierenden System und seiner Umwelt geben die Perturbationen der Umwelt nicht vor, was mit dem Lebewesen geschieht, sondern »es ist vielmehr die Struktur des Lebewesens, die determiniert, zu welchem Wandel es infolge der Perturbation in ihm kommt«.[49] Der Mensch allein »entscheidet« – auf Basis seiner stabil angelegten Lern- und Erfahrungsprozesse –, welche Einwirkungen von außen welche Veränderung in ihm auslösen.

Die erste Entscheidung, die der Mensch in diesem Zusammenhang trifft, ist die, ob der Umweltreiz überhaupt wahrgenommen wird und dadurch als Reiz oder Perturbation im System ankommt. Unsere Wahrnehmung ist hochgradig selektiv. Wir nehmen nur wahr, was wir wahrnehmen wollen oder können. Diese *inattentional blindness* haben Daniel Simons und Christopher Chabris in einem eindrucksvollen Experiment demonstriert.[50]

▶ Experiment: Inattentional blindness

Simons und Chabris stellten Testpersonen die Aufgabe, ein Basketballspiel zu beobachten und sich dabei auf eine der beiden Mannschaften zu konzentrieren. Die Probanden sollten genau mitzählen, wie oft sich die Spieler des Teams den Ball zuspielten. Plötzlich tauchte inmitten der Spieler ein Mensch in einem Gorillakostüm auf. Er ging langsam zur Mitte des Spielfelds, trommelte mit den Fäusten auf die Brust und ging dann wieder aus dem Bild. Bei 46 Prozent der Versuchspersonen war die Aufmerksamkeit so stark auf den Ball fokussiert, dass sie den Gorilla nicht registrierten und die Frage, ob sie während des Spiels etwas Ungewöhnliches bemerkt hätten, mit »Nein« beantworteten. ◀

Wenn wir nur wahrnehmen, was wir wahrnehmen wollen beziehungsweise können, dann bedeutet das auch, dass nur die Einwirkungen von außen zu einer Verhaltensänderung führen können, die vom Individuum als relevant erachtet werden. Relevant wird ein Umweltreiz (zum Beispiel die Ansprache eines Trainers) dann, wenn dieser mit den bestehenden und stabil angelegten Lern- und Erfahrungsprozessen des Individuums sinnvoll in Einklang gebracht werden kann.

In der sportpsychologischen Betreuung von Mannschaften lässt sich immer wieder beobachten, dass wichtige und ernsthafte Inhalte von Mannschaftsbesprechungen, welche der Trainer gewissenhaft vorbereitet und rhetorisch nachvollziehbar vorträgt, für manche Spieler nur bedeutungsloses Rauschen darstellen (»Was hat das mit mir zu tun, was will der Trainer von mir?«).

Vor diesem Hintergrund ist es verwunderlich, dass in manchen Teams auch heute noch darauf verzichtet wird, Spielern mit keinen oder nur geringen Deutschkenntnissen permanent einen Dolmetscher zur Verfügung zu stellen. Werden Inhalte zusätzlich mit Emotionalität, Ironie oder Sarkasmus verpackt, ist es nahezu hoffnungslos, zu erwarten, dass sich bei diesen Spielern eine gewünschte Verhaltensänderung einstellt. An dieser Stelle wird deutlich, dass ein Trainer nie mit »der Mannschaft« spricht und es außerordentlich schwierig ist, mit einer Ansprache die individuellen Strukturen der einzelnen Spieler zu erreichen.

Es gibt dennoch Trainer, denen genau dies zu gelingen scheint:

▶ *Story: Fernsehkommentar nach dem Olympiasieg der Hockeyherren 2012 in London*

Fernsehkommentator Béla Réthy: »Markus Weise, Hockeybundestrainer, hat wahrscheinlich wieder die richtigen Worte gefunden. Er hat die Energie, die Qualität und das Selbstvertrauen aus dem Halbfinale rübergerettet in das Endspiel.«

Fernsehexperte Philipp Crone (zuvor selbst jahrelang stellvertretender Mannschaftskapitän der Hockeynationalmannschaft): »Man muss sich das vorstellen, die richtigen Worte zu finden, ist leicht gesagt. Das sind ja 16 völlig unterschiedliche Menschen, und da in einer Besprechung, so wie ich es einmal erlebt habe vor zehn Jahren, einfach die Sätze zu finden, die dann alle zusammenschweißen und an das glauben lassen, was man vorhat, das ist wirklich außergewöhnlich, wenn man das so kann wie Markus Weise.«◀

Dennoch bleibt es dabei, dass Umwelteinflüsse (die Trainer selbst, ihre Ansprachen und ihr Verhalten) ein System (einen Spieler) lediglich anstoßen, anregen oder verstören können. Der Mensch als ein selbstorganisierendes System verändert sich autonom aufgrund relevant interpretierter Einwirkungen (Rahmenbedingungen). Im Hinblick auf sportliche Spitzenleistung bedeutet das, dass Höchstleistung nur durch die Gestaltung passender Rahmenbedingungen ermöglicht beziehungsweise unterstützt werden kann.

Das heißt: Kein Trainer kann einen Sportler zum Weltmeister machen – gefordert ist die Eigenleistung der Athleten. Das heißt auch: Keine Führungskraft kann ihre Mitarbeiter motivieren, sie kann nur passende Rahmenbedingungen gestalten, sodass Motivation entsteht. Oder auch: Kein Mediziner kann einen gebrochenen Knochen heilen. Er kann lediglich Rahmenbedingungen schaffen (Ausrichtung, Ruhigstellung etc.), die die Selbstheilung (Bildung von Kallus etc.) ermöglichen.

Es sind demnach stets individuell relevante Rahmenbedingungen, die bei Personen konstruktives Verhalten auslösen. Parallel dazu weist auch schwieriges und destruktives Verhalten immer auf Rahmenbedingungen hin, die dieses Verhalten hervorrufen und die geändert werden müssen, um eine Veränderung des Verhaltens selbst zu bewirken. Wie kann überhaupt so etwas wie Austausch zwischen selbstorganisierenden Systemen stattfinden (siehe Abb. 5), wenn sie füreinander eigentlich nur Anstöße oder Störungen darstellen, die jeweils der eigenen Logik gemäß verarbeitet werden?

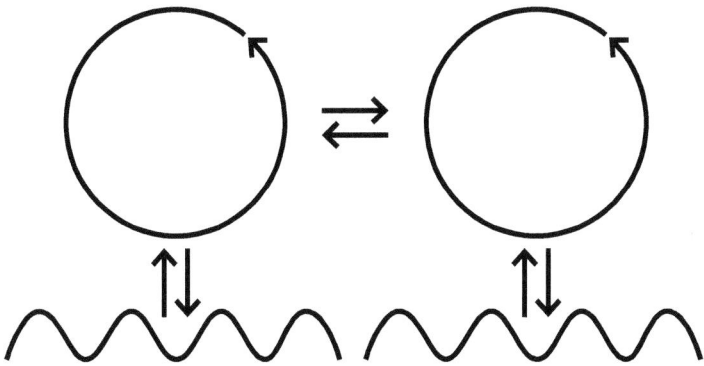

Abb. 5: Zwei autopoietische Systeme[51]

Grundsätzlich ist ein System für ein anderes System nur eine weitere Quelle der Interaktion, die im Sinne der systemeigenen Logik (Struktur) betrachtet wird.[52] Es kann allerdings dann zu einer sogenannten strukturellen Kopplung[53] kommen, wenn sich selbstorganisierende Systeme so organisiert haben, dass ihre Interaktionen einen rekursiven und sehr stabilen Charakter haben und ihre gegenseitigen Störungen insofern zueinanderpassen, als sie in gleicher Weise interpretiert und verarbeitet werden. Man spricht sozusagen dieselbe Sprache, man versteht, was das Gegenüber ausdrücken möchte, und umgekehrt. Die strukturelle Kopplung selbstorganisierender Systeme ermöglicht die Bildung von Systemen höherer Ordnung.

Um eine strukturelle Kopplung zu erreichen, müssen individuelle Lernerfahrungen und Erinnerungen des jeweiligen Systems, die verdeutlichen, wie Umweltreize verarbeitet werden, identifiziert werden. Das bedeutet in der Anwendung: Als Führungskraft muss man sich den strukturellen Voraussetzungen der zu Führenden in Verhalten und Sprache anpassen. Ein pädagogischer Grundsatz lautet, den anderen dort abzuholen, wo er gerade ist. Nichts anderes ist aus systemischer Perspektive eine Grundlage für Führung, die zu einer strukturellen Kopplung führt.

Systemisch denkende und handelnde Trainer wissen, dass sie von außen nichts in die Sportler hineintragen können. Auch Zwang oder autoritäre Durchsetzung werden, zumindest was die Entstehung von Höchstleistung angeht, keinen (dauerhaften) Erfolg zeigen. Anregungen durch Vorbild, die Auffassung von Führung als Dienstleistung sowie die Moderation selbstorganisatorischer Prozesse führen zum Erfolg.

Weg von der Führungskraft, hin zu den Mitarbeitern: Die Herausforderung für Trainer besteht darin, ihre Spieler mit »auf die Reise« zu nehmen und mit ihnen gemeinsam (strukturell gekoppelt) eine außergewöhnliche Entwicklung zu durchlaufen. Dies könnte man auch als den Kern des transformationalen Führungsansatzes[54] interpretieren.

TRANSFORMATIONALE FÜHRUNG

Transformationale Führung zielt auf Veränderung der Mitarbeiter und ist damit eine Weiterentwicklung der transaktionalen Führung, deren Kern Belohnung und Bestätigung positiven Verhaltens darstellt. Bei der transformationalen Führung liegt ein gemeinsames Ziel vor; gemeinsamen Werten und Idealen wird hohe Bedeutung beigemessen. Führungskräfte und Mitarbeiter sind gleichermaßen inspiriert und motiviert, einen sinnvollen Beitrag zur Verwirklichung der gemeinsamen Herausforderung zu leisten.

Auch hier wird deutlich, dass nicht nur die Zielerreichung, sondern schon die Umsetzung an sich attraktiv ist und angestrebt wird.

Genau genommen wirkt transformationale Führung eigentlich erst in Teams, die ihre Teamentwicklung abgeschlossen haben. Wenn Gruppen sich noch im Zustand der Teamentwicklung befinden, liegt unter Umständen weder das gemeinsame Ziel vor, noch haben sich zu diesem Zeitpunkt bereits stabile und belastbare Werte und Ideale etabliert. Natürlich ist das Verständnis für Teams und die Teamentwicklung eine der ersten Aufgaben einer transformational agierenden Führungskraft. Sie investiert daher viel Zeit und Interaktion in die Teamentwicklung, um mit den Mitarbeitern in die Transformation zu kommen.

Es wird bereits an dieser Stelle deutlich, dass transformationale Führung vom Führenden sehr viel abfordert und hohe Ansprüche stellt. Der Führende ist damit selbst Ausgangspunkt des Transformationsprozesses (siehe Kapitel 6), er muss sich intensiv mit den einzelnen Mitarbeitern beschäftigen (Rahmenbedingungen setzen; siehe Kapitel 7) und in einem letzten Schritt beobachtend, moderierend und adjustierend die Teamperformance begleiten (siehe Kapitel 8).

Transformationaler Führungsstil erfordert:[55]

- intellektuelle Herausforderung *(intellectual stimulation)*,
- individuelle Berücksichtigung *(individual consideration)*,
- Vorbildfunktion *(idealized influence)*,
- Inspirations- und Motivationsfähigkeit *(inspirational motivation)*.
- Vorbildfunktion, Inspirations- und Motivationsfähigkeit werden häufig auch als charakteristisch für den charismatischen Führungsansatz angesehen. Transformationale Führung ist jedoch nicht mit charismatischer Führung[56] gleichzusetzen.

Denn im Gegensatz zu charismatischer Führung, die in erster Linie auf die schwer erklärbare, heldenhafte Persönlichkeitsstruktur des charismatischen Führers abhebt,[57] zeichnet sich transformationale Führung durch systemisches Denken aus. Sie unterstützt, fordert und fördert die Selbstorganisation der Mitarbeiter sowie ihre gegenseitige Interaktion und strukturelle Kopplung im Sinne eines systemischen Managements. Transformationale Führungskräfte sind in der Lage, Begeisterung und Zuversicht zu erzeugen, sie können andere mobilisieren und mitreißen, ohne dass dies in ihren Persönlichkeitseigenschaften begründet wäre. Begeisterung und Leidenschaft erreichen sie durch die sensible

Gestaltung von individuell und situativ passenden Rahmenbedingungen (wobei auch die Führungskraft selbst eine relevante Rahmenbedingung ist).[58]

Führungskräfte, die diese Sensibilität für Rahmenbedingungen besitzen, werden als Vorbilder wahrgenommen; die Mitarbeiter erleben sich wertgeschätzt und entwickeln einen gewissen Stolz darauf, Teil des Teams zu sein.[59] Insbesondere nach sportlichen Erfolgen, die nur eine außerordentliche Teamleistung möglich gemacht hat, wird dieses Wertgefühl zum Ausdruck gebracht – wie zum Beispiel von Arjen Robben (der damals beim FC Bayern München spielte) nach dem Sieg in der Champions League 2013: »Heute habe ich in der letzten Minute das Tor gemacht. Dank der ganzen Mannschaft. Ich bin stolz, ein Teil dieses Teams zu sein.«

Auch während der Fußball-WM in Brasilien 2014 waren derartige Statements zu vernehmen, wie von Lionel Messi, mehrfacher Weltfußballer und Kapitän der argentinischen Auswahl, nach dem Erreichen des Finales: »Ich bin so stolz, Teil dieser Mannschaft zu sein!«[60]

Eine erfolgreiche transformationale Führung zeigt sich daran, dass[61]

1. die Spieler zu Leistungen gebracht wurden, die jenseits des Erwarteten liegen,
2. die Aufmerksamkeit der einzelnen Spieler auf die Belange des Teams gerichtet ist und
3. die individuellen Interessen dem gemeinsamen Ziel des Teams untergeordnet werden.

▶ Story: Das Wunder von Lake Placid

Bei den Olympischen Winterspielen in Lake Placid 1980 gelang es dem US-amerikanischen Eishockeyteam erstmals in der olympischen Geschichte, das Team der Sowjetunion zu besiegen. Der Trainer, Herb Brooks, wusste, dass er nur dann eine Chance hat, wenn sich aus seinen – im Vergleich zu den Gegnern durchweg schwächeren – Individualisten ein Team formen lässt. Folgender Satz aus einer seiner Ansprachen steht sinnbildlich für den Teamerfolg: »Was vorne auf dem Trikot steht, ist wichtiger als das, was hinten steht.« Die Nation, der Verein steht vor dem einzelnen Spieler. Die Geschichte dieses historischen Spiels wurde später unter dem Titel »Miracle – Das Wunder von Lake Placid« verfilmt. ◀

Die Begeisterung und der Stolz für die gemeinsame Sache entstehen nicht nur durch Vorbildfunktion und Inspirations- und Motivationsfähigkeit der Führungskraft. Der Kern transformationaler Führung sind die individuelle Berücksichtigung und die (auch nur individuell mögliche) intellektuelle Herausforderung. Erneut kommen wir auf die grundlegenden Erkenntnisse des systemischen Denkens zurück: Aufgabe von Führungskräften ist es, die individuell passenden Rahmenbedingungen zu gestalten. Erst dann sind sie für den einzelnen Mitarbeiter relevant und können ihn auf seinem intellektuellen Niveau erreichen. Haben Führungskräfte oder Trainer aus sich heraus keine Inspirations- und Motivationsfähigkeit, sondern bekommen diese erst durch ihre Mitarbeiter oder Spieler zugeschrieben,[62] stellt sich die Frage, aufgrund welcher Fertigkeit oder Fähigkeit Führungskräfte oder Trainer diese Wirkung erzielen können.

Hier kommt die Rollensouveränität ins Spiel, »das Spielen-Können auf der gesamten Klaviatur zwischen verschiedenen Anforderungen und Rollenerwartungen«.[63]

ROLLE UND GLAUBWÜRDIGKEIT

Es stellt für Führungskräfte eine Schlüsselkompetenz dar, im richtigen Moment ein verständnisvoller Trainer, detailorientierter Planer oder auch mitreißender Visionär zu sein und dabei ganz unterschiedliche Menschen zu erreichen. Wer nach außen ein stimmiges Bild von sich liefert, wird für authentisch gehalten.[64] Jupp Heynckes, einer der erfolgreichsten deutschen Fußballtrainer, dem es gelang, mit dem FC Bayern Meisterschaft, Pokal und Champions League in einem Jahr zu gewinnen, beschreibt diese Glaubwürdigkeit als Schlüssel für seinen Erfolg als Trainer. Auf die Frage: »Was war für Sie persönlich die schwerste Aufgabe und der Schlüssel zur Meisterschaft beim FC Bayern?« antwortete er: »Man muss das Innenleben des FC Bayern kennen. Mit den großen Fußballern, die immer wieder Ratschläge geben, die man dann reflektieren und in die tägliche Arbeit einpflegen muss. Es ist wichtig, wie der Trainer als Ganzes handelt, was er für eine Autorität ausstrahlt. Nicht wegen des Amtes, sondern dank seiner Person. Man muss glaubwürdig sein.«[65]

Insofern sollten Führungskräfte eine hohe Sensibilität dafür entwickeln, was genau ihr Bild in den Augen aller Beteiligten in einer konkreten Situation stimmig erscheinen lässt. Das heißt: Rollen glaubwürdig und damit authentisch zu übernehmen ist schlicht unvermeidbar und sollte als positive Fähigkeit aufgefasst werden. Denn Rollenübernahme ist immer verknüpft mit Erwartungen – seitens der Öffentlichkeit, des Vorstands, aber auch der Mitarbeiter: Eine Führungskraft, ein Trainer, ein CEO oder ein Abteilungsleiter hat sich nach bestimmten Vorstellungen zu verhalten – ob er es will oder nicht.

Wer eine Führungsrolle erfolgreich wahrnehmen will, sollte sich die Rollenerwartungen der unterschiedlichen Bezugsgruppen bewusst machen und darüber hinaus auf die unvermeidlichen Erwartungskonflikte und Dilemmata gefasst sein.[66]

Schwierig dabei ist, dass im Gegensatz zu Schauspielern, deren Rollen in einem Drehbuch vorgegeben sind, Trainer das »Was« und »Wie« selbst erschließen müssen. Auch den Regisseur, der hilfreich bei der Rolleninterpretation aus der Außenperspektive unterstützt, gibt es hier nicht. »Was charakterisiert mein Umfeld? Was fordert das Umfeld von mir? Wie werde ich wahrgenommen? Wie will ich wahrgenommen werden? Wie unterschiedlich können meine Verhaltensweisen interpretiert werden?« Als Führungskraft befindet man sich ständig »auf der Suche« nach Kontextinformationen.

Die aus dem systemischen Denken resultierende Einsicht, dass man als Führungskraft niemanden von außen konstruktiv verändern kann, verlangt Sensibilität für Umfeldsignale, aus deren Analyse sich dann gegebenenfalls notwendige Veränderungen ableiten lassen.

Wer sich als Führungskraft und damit als Rollenträger versteht, tritt einen Schritt zurück und gewinnt eine Distanz, die unerlässlich ist, um mit den Facetten der Rolle konstruktiv umzugehen – insbesondere auch mit den unpopulären: Konflikte auszuhalten, kontroverse Maßnahmen durchzusetzen und Widerstände zu ertragen. Wer sich seiner Rolle bewusst ist und sie gezielt gestaltet, ist in der Lage, die Vogelperspektive einzunehmen. Bewusste Rollengestaltung erlaubt Rollendistanz – und umgekehrt.[67] Rollensouveränität setzt nach diesem Verständnis zwei Fertigkeiten voraus:[68]

- die Kongruenz von Situationen (Erwartungen des Umfelds) und eigenem Rollenverständnis. Der Rollenträger sollte zuverlässig einschätzen können, was in einer bestimmten Situation von ihm erwartet wird, und adäquat, in Übereinstimmung mit sich selbst und authentisch darauf reagieren.
- die Konsistenz in der aktuellen Rollengestaltung. Der Rollenträger sollte die gewählte Rolle dauerhaft und widerspruchsfrei mit Leben füllen können. Wer in der gewählten Rolle stimmig agiert, wird als berechenbare Größe geschätzt. Diese Konsistenz sollte allerdings mit der bei möglichen Veränderungen der äußeren Rahmenbedingungen notwendigen Flexibilität gepaart sein.

Fazit: Der transformational arbeitenden Führungskraft wird vertraut, sie wird respektiert, sie hat Vorbildfunktion und vermittelt den Mitarbeitern Sinn. Zentrale Aufgabe hierbei ist, die Mitarbeiter über die Gestaltung passender Rahmenbedingungen individuell zu berücksichtigen und intellektuell herauszufordern. Gelingen kann dies durch Rollensouveränität, die wiederum ein adäquates Erfassen und Interpretieren von Rollenerwartungen voraussetzt.

Was bedeutet dies für die praktische Umsetzung?

Auch wenn es enttäuschend klingen mag: »Die Regel lautet, es gibt keine Regel!«[69] Und weil es keine Regel gibt, kann das, was bei dem einen Team gut funktioniert hat, beim nächsten genau das Falsche sein. Mit den Worten Steinkellners könnte man die Herausforderung von »Make them go« auch folgendermaßen umschreiben: »Führung bedeutet, steuernden Einfluss auf ein nicht steuerbares System auszuüben.«[70]

Im Sport verschmelzen – zumindest in der deutschsprachigen Terminologie – die Begriffe »Führungskraft« und »Coach« zu ein und derselben Rollenbeschreibung: der des Trainers. Die vermeintliche Doppelrolle ist bei genauem Hinsehen ein sensibles Wechselspiel zwischen Nähe und Distanz. Bildhaft verdeutlicht wird dieses Wechselspiel an der anatomisch-physiologischen Funktion des Daumens der Hand. Der Daumen steht für die Führungskraft. Er kann sich integrieren und erscheint gleichberechtigt zu den anderen vier Fingern der Hand. Er kann aber auch jederzeit (als einziger der fünf Finger) opponieren, aus der integrierten Formation ausscheren und eine Sonderstellung einnehmen. Wann Integration und wann Opposition gefordert sind, ist abhängig von der Persönlichkeit der Teammitglieder, der Teamzusammenstellung, der anstehenden Anforderung und der aktuellen Situation (siehe Abb. 6a und 6b).

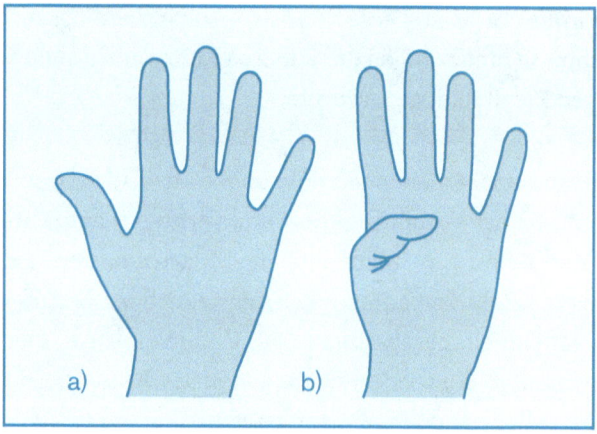

Abb. 6: a) Fünf Finger einer Hand, b) Daumen opponiert zu den anderen vier Fingern

Zu erkennen, wann Zurückhaltung und Unterstützung nötig sind und wann sie in einer charismatischen Rolle in den Lead gehen müssen, ist die eigentliche Herausforderung und Leistung von erfolgreichen Trainern. Was dafür nötig ist, soll im nächsten Kapitel beschrieben werden.

⑤ VORAUSSETZUNGEN GUTER FÜHRUNG

In diesem Kapitel sollen wesentliche Konzepte für das Verständnis des eigenen Verhaltens und Handelns besprochen werden, die wiederum der Schlüssel dafür sein können, das Verhalten und Handeln von anderen zu verstehen, was letztlich durch Gestaltung von adäquaten Rahmenbedingungen veranlasst werden kann.

Zunächst geht es um das Warum des Handelns: Welche Treiber veranlassen erwünschtes, eventuell auch leistungsorientiertes Handeln, und welche Auslöser können dazu beitragen, dass die Handlungsveranlassung nicht mehr als zielführend gesehen und das erwünschte Verhalten nicht mehr gezeigt wird.

MOTIVATIONSANREIZE VERSUS MOTIVATIONSKILLER

In der wissenschaftlichen Auseinandersetzung mit dem Phänomen der Motivation unterscheidet man zwischen zweck- und tätigkeitsorientierten Motivationsanreizen.[71] Tätigkeitsorientierte Anreize betreffen den Vollzug der Tätigkeit, zweckorientierte Anreize das, was der Tätigkeit als beabsichtigter Effekt folgt.[72]

Ausgehend von vier grundlegenden Faktoren – der realisierten Situation, der sich daraus ergebenden Handlung, dem erwartbaren Ergebnis und den daraus wahrscheinlich resultierenden Folgen – zeigt das unten stehende Motivationsmodell (Abb. 7), wie und ob eine Person zu einer Handlung veranlasst wird oder nicht. Die aussagenlogische Fassung des Modells beschreibt Erwartungen der Person an Situation, Handlung, Ergebnis und Folgen in Form eines Prozessdiagramms.

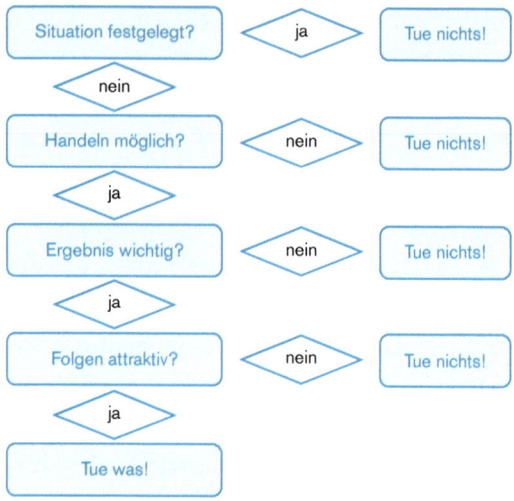

Abb. 7: Prozessdiagramm der Motivation[73]

Zunächst wird anhand der grundlegenden Faktoren also geklärt, ob es zu einer Handlung kommen wird oder nicht. Auch wenn dieses theoretische Modell in der Praxis nicht immer exakt so durchlaufen wird, lassen sich daraus sowohl Motivationsanreize als auch mögliche Motivationskiller ableiten.

Die erste Frage klärt, ob das erwartbare Ergebnis einer Handlung durch die Situation bereits festgelegt erscheint. Der Versuch, eine festgelegte Situation verändern zu wollen, ist wenig sinnvoll, und dementsprechend niedrig wird die Motivation für eine Handlung sein.

Motivationskiller Nr. 1: Eine Person geht davon aus, dass ein Handlungsergebnis durch die Situation bereits feststeht, im Grunde also nichts mehr zu machen ist. Wozu also handeln?

Beispiel: Eine Spielerin einer Fußballmannschaft wird trotz der ihrer Meinung nach konstant guten Trainingsleistung von der Trainerin weder aufgestellt noch eingewechselt. Nach einiger Zeit resigniert die Spielerin: »Was soll ich noch machen? Egal wie gut ich im Training bin, ich werde nicht aufgestellt. Daran kann ich auch nichts ändern.« Die Motivation, an sich zu arbeiten, ist nicht mehr vorhanden. Das »Ja« auf die erste Frage hat zur Folge, dass eine Handlung ausbleibt.

Lautet die Antwort »Nein«, wird durch die zweite Frage geprüft, ob es möglich ist, das Ergebnis durch eigene Handlung zu erreichen. Die oder der Handelnde klärt ab, welche Ressourcen, welches Wissen und Können zur Verfügung stehen. Auch wenn die benötigten Kompetenzen zur Bewältigung der Aufgabe prinzipiell vorhanden sind, bedeutet das nicht automatisch, dass die Handlung auch in Angriff genommen wird.

Motivationskiller Nr. 2: Eine Person traut sich die in einer Situation nötige Handlung im Moment nicht zu oder hat gar nicht die Fähigkeit oder Fertigkeit, um sie durchzuführen.

Beispiel: Eine Eishockeymannschaft hatte den Wettbewerb »Last man standing« als Abschluss des Trainings ritualisiert. Alle Spieler schießen nacheinander Penaltys, und wer trifft, darf in die Dusche. Derjenige, der als Letzter übrig bleibt, mehrere Penaltys hintereinander also nicht getroffen hat, erhält den unrühmlichen Titel »Depp der Woche«. Für einen Spieler, der mehrfach hintereinander mit diesem Titel ausgezeichnet worden war, wurde daraufhin jeder im Spiel zugesprochene Penalty zur schier unlösbaren Aufgabe, sein Scheitern war quasi vorprogrammiert. Er traute sich das Schießen des Penalty nicht mehr zu und empfand es daher nur noch als Bedrohung und nicht – wie eigentlich gedacht – als gerechten Ausgleich für ein Foul.

Mit der dritten Frage wird abgewogen, ob die sich aus der Handlung ergebenden Folgen des Ergebnisses als wichtig genug eingeschätzt werden. Ist dies nicht der Fall, wird die Frage mit »Nein« beantwortet, es kommt nicht zur Handlung.

Motivationskiller Nr. 3: Eine Person schätzt die Folgen des erwartbaren Ergebnisses als nicht wichtig genug ein.

Beispiel: Im Fußball wird neben technischen und taktischen Fertigkeiten der Komponente Athletik ein immer größerer Stellenwert beigemessen. Dies resultiert daraus, dass das Spiel nachweislich immer athletischer und vor allem schneller geworden ist. So konnten Analysen[74] zeigen, dass sich beispielsweise die mittlere Ballkontaktzeit im internationalen Spitzenfußball in den letzten Jahren von 2,8 Sekunden (2006) auf unter eine Sekunde (2010) reduziert hat. In unserer Praxis mit Profimannschaften haben wir manchmal erlebt, dass der eine oder andere ältere Spieler, der erfolgreich ist, obwohl seine Schnelligkeit nur schwach ausgeprägt ist, häufig wenig Motivation beim Sprint- und Schnelligkeitstraining zeigt. Die Folgen der Trainingseinheit sind für diese Spieler nicht wichtig, da sie ihre schwachen Schnelligkeitswerte häufig durch Erfahrung (zum Beispiel Stellungsspiel, Fähigkeit, das Spiel zu lesen, etc.) erfolgreich kompensieren können. Ist dem so, können sich diese Fußballprofis kaum für ein Schnelligkeitstraining motivieren.

Wird den Folgen des Ergebnisses genügend Bedeutung beigemessen, entscheidet die Beantwortung der vierten Frage, ob es zur Handlung kommt oder nicht: Zieht das Ergebnis auch die erwünschten Folgen nach sich?

Motivationskiller Nr. 4: Für eine Person ergeben sich aus dem Ergebnis nicht die erwünschten Folgen. Sie sind im Gegenteil eventuell sogar unerwünscht.

Beispiel: Ein junger Skifahrer ist bei den regionalen Ausscheidungen positiv aufgefallen. Der Stützpunkttrainer möchte ihm gerne Kaderstatus verleihen, dazu bekommt der Sportler einen der begehrten Internatsplätze im Bundesstützpunkt. Statt sich zu freuen und weiter engagiert zu trainieren, ist der Sportler plötzlich niedergeschlagen, und die Trainingsleistungen lassen stark nach. Erst in mehreren Gesprächen kommt zutage, dass er auf keinen Fall Freunde, Familie, Schule und Heimat verlassen will.

Die Erwartungshaltungen an Situation, Handlung, Ergebnis und Folgen nennt man auch zweckorientierte Motivationsanreize.[75] Eine Handlung ist eine Maßnahme, die dazu dient, zum erwünschten Handlungsergebnis zu gelangen. Dieser Weg wird nicht aus Freude am Handeln gegangen, sondern weil er erforderlich ist, um das gewünschte Ziel zu erreichen. Neben dem zweckorientierten gibt es auch den tätigkeits-orientierten Motivationsanreiz[76], der besagt: Die Ausführung der Tätigkeit selbst ist attraktiv und bereitet Freude. Mit dieser Ergänzung des Motivationsmodells kommt noch ein weiterer, fünfter Motivations-killer hinzu.

Motivationskiller Nr. 5: Für eine Person ist eine Handlung nicht attraktiv, es macht keine Freude, keinen Spaß, sie auszuführen.

Beispiel: Gerade im olympischen Spitzensport erlebt man es häufig, dass Athleten, die auf dem Höhepunkt ihrer Laufbahn angekommen sind, diese verlängern, weil mit dem Erfolg Sponsorenverträge und lukrative Werbeverträge erst relativ spät zustande gekommen sind. Ist aber der Spaß oder die Freude am Sport nicht mehr wirklich vorhanden, wird sich auch der sportliche Erfolg nicht wieder einstellen. Athleten betreiben ihre Sportart dann nur noch zweckorientiert, also wegen der erwünschten Folgen.

Umgekehrt kann die attraktive Tätigkeit ein starker Motivator sein und ist es bei sportlichen Höchstleistungen meistens auch. An einer Tätigkeit Freude zu haben kann auch beinhalten, mit ansteigendem Training zu erfahren, dass man diese Tätigkeit immer besser kann, und im Vergleich mit anderen zu erkennen, dass man sie nahezu perfekt und sogar am besten beherrscht. Die Beobachtung, dass Athleten ihr Sport prinzipiell viel Freude bereitet, gilt im Spitzensport durchgängig. Auf höchstem Niveau Sport zu treiben ist für Sportler hochgradig attraktiv. Sie üben den Sport nicht mit Blick auf eine mögliche extrinsische Belohnung aus, sondern weil er selbst für sie so reizvoll ist. Sogar bei sehr anstrengenden und mühsamen Tätigkeiten wie einem Marathonlauf berichten Läufer im Anschluss mit leuchtenden Augen vom *Runner's High*, einem euphorischen Glücksgefühl während des Laufs. Wenn Sportler ein besonderes Highlight, wie zum Beispiel den idealen Abschlag im Golf, die perfekte Wende beim Surfen, den exakten Freistoß in den Winkel, erlebt haben, berichten sie oft, »süchtig« nach diesem Gefühl zu sein.

Dieser erste Einblick in die Motivationspsychologie sollte verdeutlichen, dass auch im Team die Grundlage von sportlicher Höchstleistung in jedem einzelnen Teammitglied zu suchen ist. Und diese Grundlage sollte vorrangig in einem tätigkeitsbezogenen Anreiz liegen. Dabei kommt in einem Team der Umstand hinzu, dass nicht allein die sportliche Betätigung an sich attraktiv und reizvoll sein muss, sondern mindestens genauso die Betätigung (Training und Wettkampf) mit den anderen zusammen. Und wenn diese sportliche, gemeinsame Tätigkeit keine Freude macht, finden Sportler häufig auch an der Tätigkeit an sich keine Freude mehr. Zudem zeigen das Motivationsmodell und die gegebenen Beispiele, dass Führungskräfte und Trainer ihre Mitarbeiter und Athleten nicht aktiv motivieren können und sollen, sondern Rahmenbedingungen herstellen müssen, die die bereits vorhandene Motivation stärken. Dafür ist es wichtig, dass Trainer die verschiedenen Motivationskiller kennen beziehungsweise versuchen, die Sportler zu verstehen, die Situation aus deren Perspektive zu erfassen und diese Perspektive zu respektieren und zu akzeptieren. Besonders in Teamsportarten, in denen nicht alle Sportler aufgestellt werden können, benötigen Trainer ein sensibles Händchen, damit die Athleten auf der Bank ihre Motivation nicht verlieren. Dem enttäuschten Sportler aufrichtig zu spiegeln, dass man die Situation aus seiner Perspektive nachvollziehen kann, dass man selbst mit der gefällten Entscheidung (ihn nicht zu berücksichtigen) nicht glücklich ist, aber aktuelle situative Zwänge unter dem Gebot der Leistungsorientierung keine andere Entscheidung zulassen, ist wichtig, um die Motivation der Beteiligten zu erhalten.

Bei vielen dieser Entscheidungen und Handlungen verlassen sich Trainer auf ihr »Bauchgefühl« und ihre Intuition. Dabei gilt es, genau zu wissen, in welchen Situationen eine intuitive Entscheidung angemessen ist und in welchen Situationen dem Handeln eine bedachte Analyse der Umstände vorausgehen sollte. Denn nicht immer ist unser intuitives, schnelles Denken zielführend.

SCHNELLES UND LANGSAMES DENKEN

Der Kognitionspsychologe und Nobelpreisträger Daniel Kahneman unterscheidet zwischen schnellem und langsamem Denken.[77] Gemeint ist damit das Zusammenspiel vom Unterbewussten, das eigentlich zuverlässig unsere gelernte und automatisierte Performance steuert, und dem bewussten Verstand, der dann aktiviert wird, wenn Handlungen sehr wichtig oder schwierig sind. Das unterbewusste Denken verläuft schnell, wird dementsprechend als »schnelles Denken« bezeichnet, das bewusste Denken braucht Zeit und wird folglich »langsames Denken« genannt.

Das schnelle Denken arbeitet automatisch und intuitiv, weitgehend mühelos und ohne willentliche Steuerung und somit unterbewusst. Die hauptsächliche Funktion des schnellen Denkens besteht darin, ein durch genetische Information und Lernerfahrung aufgebautes Modell unserer individuellen Welt aufrechtzuerhalten und zu aktualisieren. Durch die Verknüpfungen unterschiedlicher Lernerfahrungen entsteht ein Netzwerk assoziierter Vorstellungen – weshalb das schnelle Denken auch als Assoziationsmaschine bezeichnet wird –, das unsere Interpretation der Gegenwart sowie unsere Zukunftserwartungen bestimmt. Ein wahrgenommenes Wort zum Beispiel löst bestimmte Erinnerungen aus, die bestimmte Emotionen erzeugen, die wiederum Gesichtsausdrücke und andere körperliche (zum Beispiel Anspannung) und psychische (zum Beispiel Resignation) Reaktionen hervorrufen.

Das schnelle Denken ist geschickt darin, eine stimmige, kausale Geschichte zu konstruieren, indem es die ihm zur Verfügung stehenden Wissensfragmente miteinander verknüpft (siehe Kapitel 4). Schnelles Denken versucht auf diese Weise, die wahrgenommene Situation auf Basis der vorhandenen Struktur (Gene und Lernerfahrung) zu verstehen. Damit ist schnelles Denken auch verantwortlich für die Wirklichkeitskonstruktionen, die nicht etwa auf einer Sammlung sämtlicher Informationen, sondern lediglich auf den aus der Erfahrung heraus stimmig erscheinenden Informationen aufbauen (siehe Kapitel 4).

Das Erfolgskriterium des schnellen Denkens ist die Stimmigkeit der Geschichte, die es erschafft. Die Menge und Qualität der Daten, auf denen die Geschichte beruht, ist dabei weitestgehend belanglos. Unserem effizienten automatischen, intuitiven Handeln, das ohne nachzudenken geschieht, liegt also schnelles Denken zugrunde. Wir erleben dies als automatisches, unbewusstes oder auch intuitives Handeln.[78]

Ist unser Handeln im subjektiven Erleben dagegen geprägt von Kontrolle, Entscheidungsfreiheit und Konzentration, ist langsames Denken aktiv. Man könnte auch sagen, dass das langsame Denken unser Verstand ist, den wir aktiv einsetzen und bemühen können, wenn es uns notwendig erscheint. Typisch für das langsame Denken ist, dass seine Operationen mit Anstrengung verbunden sind, es träge ist und nur die Mühe aufwendet, die für den jeweiligen Bedarf absolut notwendig ist. Unserem Verstand (dem langsamen Denken) werden ständig Interpretationen des wahrgenommenen Sachverhalts vom Unterbewussten (dem schnellen Denken) angeboten. Normalerweise akzeptiert der Verstand diese Angebote als wahr (siehe Abb. 8).

Langsames Denken
Kontrolle, Logik, Ratio, langsam, mühsam, anstrengend, wird aktiv bei Schwierigkeiten

Schnelles Denken
schnell, intuitiv, lange gelernt, automatisch, emotional, mühelos, keine Logik

Abb. 8: Das schnelle Denken und das langsame Denken

Erst wenn das schnelle Denken »in Schwierigkeiten« gerät, fordert es vom langsamen Denken eine detaillierte und spezifischere Verarbeitung an, die das anstehende Problem mit höherer Wahrscheinlichkeit lösen wird. Die Arbeitsteilung zwischen schnellem und langsamem Denken ist höchst effizient, weil das schnelle Denken normalerweise äußerst zuverlässig arbeitet. Es ist nicht rational, versteht kaum etwas von Logik und ist deswegen auch nicht anfällig für Zweifel. Es unterdrückt Widersprüchlichkeit und Mehrdeutigkeit und konstruiert spontan Geschichten, die so stimmig wie möglich sind.

Für Ungewissheit und Zweifel ist das langsame Denken zuständig. Da es aber anstrengend ist und Energie kostet, Zweifel aufrechtzuerhalten, und es ungemein leichter fällt, stimmige Geschichten als wahr anzunehmen,[79] wird die vom schnellen Denken konstruierte Interpretation gerne übernommen. Die so entstehenden kognitiven Täuschungen[80] sind nur sehr schwer in den Griff zu bekommen, da man das schnelle Denken nicht willentlich abstellen kann. Dazu müsste ständig das eigene Denken infrage gestellt werden. Außerdem ist das langsame Denken viel zu langsam und ineffizient, um bei schnell erforderlichen Routineentscheidungen effektiv zu funktionieren. Das folgende Beispiel verdeutlicht, dass uns das schnelle Denken auch einfache Lösungen für auftretende Probleme liefert und wir diese schnellen, einfachen Lösungen nur zu gerne übernehmen.

Denkaufgabe:[81] Ein Schläger und ein Ball kosten zusammen 1,10 Euro; der Schläger kostet einen Euro mehr als der Ball. Wie viel kostet der Ball? Die Lösung muss natürlich »5 Cent« lauten (der Schläger kostet 1,05 Euro, der Ball 5 Cent). Logisch!

Dennoch haben viele Menschen zunächst als Lösung »10 Cent« im Kopf. »10 Cent« erscheint auf den ersten Blick als brauchbare Lösung – und wirklich über das Problem nachzudenken ist anstrengend und kostet Energie. Man gibt sich mit der schnellen Lösung zufrieden. Es scheint nicht erforderlich (oder man ist zu faul), das langsame, bewusste Denken hinzuzuschalten. Das schnelle Denken erzeugt eine stimmige, kausale Geschichte, indem es bestehendes Wissen kombiniert. Es versucht die wahrgenommene Situation auf Basis der vorhandenen Lernerfahrungen zu verstehen. Aufgrund dieser für das schnelle Denken stimmigen Geschichte werden daraufhin Lösungen abgeleitet. Allerdings kann das schnelle Denken keine Informationen berücksichtigen, die es nicht hat. Logik ist irrelevant. Das Erfolgskriterium des schnellen Denkens ist die Kohärenz und Stimmigkeit der Geschichte, die es erschaffen hat.

In vielen Situationen, speziell im Kontext Leistungssport, sind allerdings sehr schnelle Schlussfolgerungen entscheidend. In vielen Sportarten, wie zum Beispiel in Spiel- oder Kampfsportarten, müssen Entscheidungen so schnell getroffen werden, dass auf hohem Niveau im Moment der Durchführung nur über Automatismen und Intuition agiert werden kann.

Gerade im Spitzensport wird deutlich, dass Höchstleistung quasi ohne die Einflussnahme von langsamem Denken stattfindet.

▶ Story: Ronaldo – tested to the limit

In einer Fernsehdokumentation mit dem Titel »Cristiano Ronaldo – Tested To The Limit«[82] sollte der portugiesische Nationalspieler und mehrfache Weltfußballer gemeinsam mit einer Vergleichsperson (hier ein Mann namens Ronald) eine von außen (halbhoch) gespielte Flanke mit Torschuss verwerten. Das Besondere an der Aufgabe war, dass mit dem Abspiel des Balls das Licht in der Halle, in der der Test stattfand, ausgeschaltet wurde. Mit einer Nachtsichtkamera wurden die Reaktionen der beiden Spieler aufgezeichnet, und man konnte sehen, dass Ronald in diesem Test keinen einzigen Ball traf, Ronaldo dagegen souverän verwertete.

Der Test demonstriert, dass Ronaldo bei der Bewegungsausführung seine Automatismen so perfekt ausgebildet hat, dass die kurze Information zu Beginn der Flanke ausreicht, um ein passendes motorisches Programm abzurufen und punktgenau zu reagieren. ◀

Wie extrem hinderlich es sein kann, wenn man sich bei Hochleistungsanforderungen, für die automatisierte, lange Zeit antrainierte Bewegungsmuster gefordert werden, nicht auf das schnelle Denken verlassen kann oder will, zeigt das Beispiel Golfsport.

Der Golfer nähert sich nach dem Abschlag seinem Ball auf dem Fairway. Jetzt geht es darum, mit Konzentration und Fokussierung die Entfernung zum Loch, den weiteren Verlauf des Fairways, die Windverhältnisse, mögliche Hindernisse (Bunker, Wasser) und den möglichen Flug des Balles zu analysieren. Dies ist anstrengend und erfordert Konzentration, also langsames Denken. Externe Beratung – durch den Caddy – wird eingeholt und integriert. Sobald es aber zum Schlag kommt, muss der Golfer »loslassen« können und den automatisierten Ablauf zulassen. Schnelle, hochkomplexe und perfekte Bewegungen muss man dem schnellen Denken überlassen können (was eine entsprechend lange Phase des Übens und Trainierens voraussetzt). Der Verstand wäre für solch eine Aufgabe viel zu langsam, würde die automatisierten Abläufe sogar stören und die optimale Bewegungsausführung verhindern.

Nach dem Schlag muss das langsame Denken wieder aktiviert werden. Es muss analysiert werden, ob der Schlag gelungen und was als Nächstes zu tun ist, die eingeübten Rituale (zum Beispiel zur Relaxation und Schlagvorbereitung) müssen durchgeführt werden.

Auch bei der Führung ist in bestimmten Situationen schnelles Denken erforderlich und nützlich. So beschreibt zum Beispiel Joachim Löw in einem Interview, wie er bei hoher Anforderung auf schnelles Denken vertraut: »Die Emotionen bei einer EM oder einer WM sind groß, manchmal auch nicht steuerbar. Manchmal mache ich Dinge, von denen ich hinterher gar nicht mehr genau weiß, was ich da gemacht habe. […] Während eines Spiels oder auch im Training reagiert man ganz spontan. In manchen Situationen bin ich gegenüber Spielern sicher auch mal ungerecht in meiner Ausdrucksweise. Hinterher ist mir dann klar: Das musst du ein bisschen anders einordnen.«[83] Die durch regelmäßige Übung geschulten schnellen und automatischen Urteile und Entscheidungen von Hochleistungssportlern (und auch anderen Personen, die Hochleistung erbringen, wie zum Beispiel Einsatzleiter der Feuerwehr oder Ärzte) verdeutlichen die Effektivität der fachkundigen Intuition, weil vertraute Hinweisreize mit hoher prognostischer Gültigkeit erkannt werden. Dabei können durchaus komplexe Situationen vorliegen, die aber grundsätzlich geordnet sind (zum Beispiel Situationen mit klaren Regeln und Befehlsketten).[84]

Wenn die Umgebung einigermaßen regelmäßig ist und wenn die agierenden Personen (zum Beispiel Sportler, Ärzte, Einsatzleiter) die Gelegenheit hatten, diese Regelmäßigkeiten zu erlernen, wird die Assoziationsmaschine (das schnelle Denken) Situationen wiedererkennen und schnell zutreffende Vorhersagen und Entscheidungen erzeugen. Sind diese Bedingungen erfüllt, kann man sich auf seine Intuition verlassen.

Führungskräfte operieren allerdings häufig in einer Umgebung, in der die Informationen keinerlei prognostische Aussagekraft besitzen (man nennt dies auch *zero-validity environment*[85]). Insofern muss man bei Führungsaufgaben, bei denen man sich auf das schnelle Denken verlässt, ziemlich sicher sein, was zu tun ist. Dies ist für komplexitätsreduzierte Führungsaufgaben, wie beispielsweise das Coaching am Spielfeldrand, durchaus sinnvoll. In sehr komplexen, unterschiedlichen und schwierigen Anwendungsfeldern von Führung kann intuitives Vorgehen allerdings verhängnisvoll sein. Wenn die Situation von Bedeutung ist und die Parameter unklar sind, ist es wichtig, sich zu zwingen, über das, was man vermeintlich zu wissen glaubt, noch einmal gründlich nachzudenken und es zu prüfen (langsames Denken). Wenn prädiktive Hinweise fehlen, sind intuitive »Treffer« nur auf Glück zurückzuführen. Solange es keine stabilen Regelmäßigkeiten in der Umgebung gibt, sollte und darf man nicht allein auf die Intuition bauen.

Wenn also auf höchstem Niveau zuverlässig agiert werden muss (als Sportler, Trainer oder Führungskraft), sollte der anforderungsgerechte Wechsel von Kontrolle (langsames Denken) und Loslassen (schnelles Denken) beherrscht werden.

Auch in der Kommunikation gilt es, sich nicht blind auf das schnelle Denken zu verlassen, sondern sich der intuitiven und subjektiven Bewertung wahrgenommener Inhalte bewusst zu werden. Führungskräfte sollten sich vor Augen halten, dass ihre Wahrnehmung der Dinge subjektiv gefärbt ist und dass auch ihre für sie eindeutigen Botschaften von anderen Menschen (mit anderen Lernerfahrungen) subjektiv und ambig interpretiert werden können.

ALLES IST KOMMUNIKATION

Wie oben bereits dargestellt, beruht Kommunikation auf interpretierender und selektiver Wahrnehmung: Jeder sagt, was er sagt, und hört, was er hört. Das, was gesagt wird, entspricht nicht automatisch dem, was gehört wird, und umgekehrt.[86]
»Man kann nicht nicht kommunizieren.«[87] Dieser Grundsatz der Kommunikation verdeutlicht, dass jedes Verhalten Mitteilungscharakter hat. Konkret: Sobald der Trainer in das Wahrnehmungsfeld eines Sportlers kommt (oder umgekehrt), wird kommuniziert. Durch Körperhaltung, Blickrichtung, Gang etc. werden der anderen Person Nachrichten übermittelt, das Gegenüber leitet aus diesen Körperzeichen Informationen ab und interpretiert sie völlig frei. Es lassen sich sogar bestimmte Hirnregionen definieren (unter anderem der Sulcus temporalis superior), die wahrnehmen und einschätzen, in welcher Weise man als Person von anderen wahrgenommen wird.[88]
Daraus folgt: Trainer müssen sensibel sein für die möglichen Botschaften, die sie den Sportlern (zur freien Interpretation) über ihre Körpersprache senden. Eindrucksvoll war zum Beispiel die Körpersprache von Fußballbundestrainer Joachim Löw in der Pause der Verlängerung beim WM-Finale gegen Argentinien 2014. Man erlebte ihn komplett ruhig, selbstsicher und siegesgewiss. Ein unglaublich starkes Signal an seine Spieler.
Darüber hinaus müssen Trainer auch auf die Körpersprache ihrer Sportler achten und darauf, diese Signale nicht falsch zu interpretieren oder überzubewerten. Dazu Pep Guardiola: »Das Wichtigste ist für mich, dass ich in den Augen der Spieler sehe, dass sie zufrieden sind, dass sie mich verstehen und mir folgen. Bis jetzt bin ich glücklich, was ich gesehen habe. Ich glaube, wir sind bereit.«[89]
Idealerweise werden Auffälligkeiten, die sich aus Körperhaltung, Mimik und Gestik eines Spielers ergeben, in einem anschließenden Gespräch zwischen Spieler und Trainer geklärt. Hierzu muss der Trainer weniger bestimmte Gesprächstechniken beherrschen, sondern vielmehr zuhören und sich auf die Wirklichkeitskonstruktion des Athle-

ten einlassen können. Dazu Vicente del Bosque: »Wenn ich meine Rolle näher beschreiben sollte, würde ich sie wohl als ›emotionalen Anführer‹ bezeichnen. So ein Anführer muss gut zuhören können.«[90]

DIE KUNST DES ZUHÖRENS

Da Zuhören für das transformationale Führen ein viel bedeutenderer Bestandteil ist als das Reden, ist es von elementarer Bedeutung, eine Zuhöratmosphäre[91] zu schaffen: eine Atmosphäre, in der Sportler von sich aus zu erzählen beginnen. Ob die Atmosphäre angemessen ist oder nicht, merkt man daran, dass die erzählende Person sich öffnet und mehr von sich preisgibt, als eigentlich gefragt war.

Geeignete Zuhöratmosphären (im Sport) können zum Beispiel entstehen:

- beim Auslaufen nach dem Training,
- bei Autofahrten/Reisen oder
- beim Kaffeetrinken außerhalb der Trainingsumgebung.

Interessanterweise ist dieses Sich-Öffnen der Sportler häufig bei der physiotherapeutischen Behandlung zu beobachten. Wahrscheinlich bietet ihnen die geschützte Atmosphäre der Behandlung in Verbindung mit dem helfenden Körperkontakt eine ideale Zuhöratmosphäre.

Zuzuhören bedeutet nicht nur, den Worten eines anderen zu lauschen, sondern vor allem auch, den »Lärm im eigenen Innern« wahrzunehmen und möglichst abzustellen.[92] Und das wiederum erfordert Übung und Vorbereitung. Viele Trainer bereiten sich auf Ansprachen, Individualgespräche oder das Coaching vor, sehen aber normalerweise wenig bis keine Veranlassung, sich auch auf ihre Rolle als Zuhörer vorzubereiten: Zuhören zu können ist aus ihrer Sicht eine Selbstverständlichkeit.

Unvorbereitet zuzuhören bedeutet jedoch in Wahrheit, permanent eigene Gedanken, Erfahrungen, Vorstellungen, Assoziationen und daraus resultierende Überzeugungen in das Gehörte hineinzuprojizieren. Das schnelle Denken liefert sinnstiftende Geschichten (Bewertungs-

und Interpretationsmuster), und man hört nicht mehr auf das, was eigentlich gesagt wird. Die Zuhöratmosphäre, das situative Setting, muss also ergänzt werden um das eigene innere Setting, denn: Echtes Zuhören ist nur in einem Zustand der Aufmerksamkeit möglich.[93]

In unserer sportpsychologischen Arbeit haben wir Fußballtrainer erlebt, die man als »Meister des Zuhörens« beschreiben könnte. Einer davon ist der langjährige Bundesligatrainer Ralf Rangnick. Spieler, die sich letztlich für solche Trainer beziehungsweise deren Verein entschieden haben, beschrieben die hervorragende Atmosphäre und das Gefühl, dass sie verstanden wurden, als ausschlaggebende Gründe für ihre Entscheidung.

Um wirklich zuzuhören, benötigt man Bescheidenheit, und man muss sich der möglichen kognitiven Täuschungen (siehe Kapitel 3), die einem permanent unterlaufen, bewusst sein. Die Kunst besteht darin, diszipliniert auf das zu hören, was gesagt wird und gemeint ist.[94] Dies ist nicht selbstverständlich und schon gar nicht einfach, sondern eine erlernbare Fertigkeit.

Der Mensch hört zwar zu, aber er hört selektiv. Er hört, was er hören möchte und was zu den vom schnellen Denken generierten Geschichten passt. Er überhört, was nicht in die eigene Konstruktion passt. Die sogenannte Abstraktionsleiter[95] ist eine Anleitung, um Schritt für Schritt unvoreingenommen und neutral Wahrnehmungen und Erfahrungen aufzunehmen (siehe Abb. 9). Mithilfe der Abstraktionsleiter kann man den Unterschied erkennen zwischen dem, was man denkt, und dem Weg, durch den man zu diesem Denken gekommen ist.

Es ist nicht leicht, das eigene Denken zu hinterfragen und das Interpretieren von Wahrnehmung abzustellen, was unter anderem daran liegt, dass das schnelle Denken nicht neutral und nicht rational ist. Manche Erinnerungen sind hochgradig emotional und überkommen einen plötzlich – ein Wort oder ein Szenario kann eine ungünstige Assoziationskette auslösen. Man ist dann beim Zuhören nicht in der Gegenwart, sondern in einer emotionalen Erinnerung.

Von besonderer Relevanz für die adäquate Wahrnehmung von Dingen in relevanten Anforderungssituationen in Führungsverantwortung ist

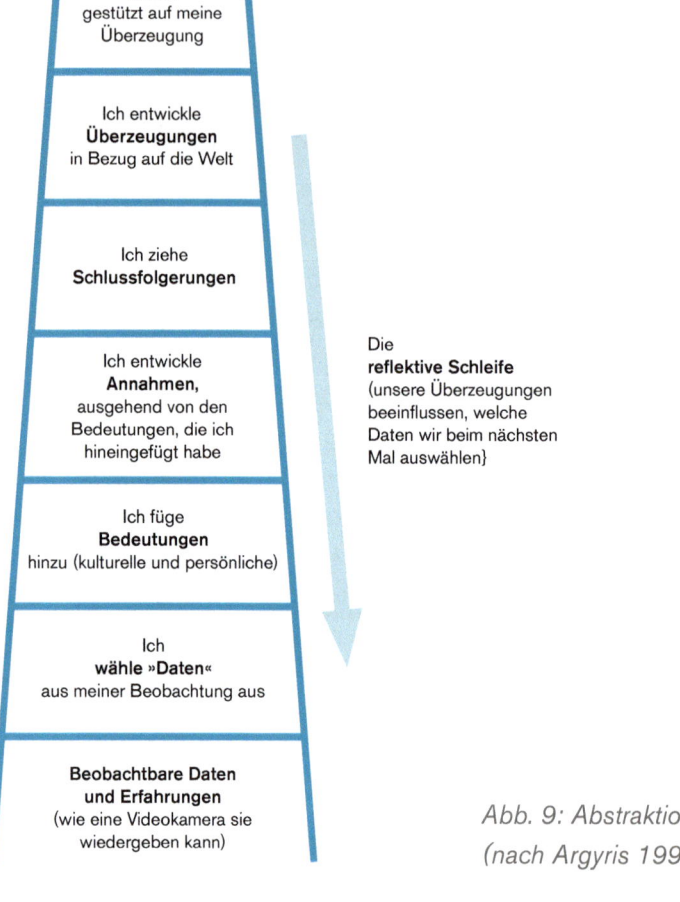

Ich
handle
gestützt auf meine
Überzeugung

Ich entwickle
Überzeugungen
in Bezug auf die Welt

Ich ziehe
Schlussfolgerungen

Ich entwickle
Annahmen,
ausgehend von den
Bedeutungen, die ich
hineingefügt habe

Die
reflektive Schleife
(unsere Überzeugungen
beeinflussen, welche
Daten wir beim nächsten
Mal auswählen)

Ich füge
Bedeutungen
hinzu (kulturelle und persönliche)

Ich
wähle »Daten«
aus meiner Beobachtung aus

**Beobachtbare Daten
und Erfahrungen**
(wie eine Videokamera sie
wiedergeben kann)

*Abb. 9: Abstraktionsleiter
(nach Argyris 1997)*[96]

die Methode zum reinen Erkenntnisgewinn aus dem Buddhismus, die Achtsamkeit. Wissenschaftlich populär wurde die Methode der Achtsamkeit insbesondere durch die Arbeiten von Jon Kabat-Zinn.[97] Nach Kabat-Zinn bedeutet Achtsamkeit eine bestimmte Form der Aufmerksamkeit, die absichtsvoll ist, sich auf den gegenwärtigen Moment bezieht (statt auf die Vergangenheit oder die Zukunft) und nicht wertend ist.

Man spricht auch von der wertfreien, reinen Beobachtung.[98] Dieses reine Beobachten ist nur willentlich (durch langsames Denken) zu erreichen und zumindest anfänglich anstrengend. Denn normalerweise arbeitet das schnelle Denken, die Assoziationsmaschine, zuverlässig und automatisch, was bedeutet, dass wir uns der Bewertungen und Interpretationen in der Regel überhaupt nicht bewusst sind. Ursächlich für diese stabilen Bewertungs- und Interpretationsmuster sind stabile Lernvorgänge, die sich in der Vergangenheit durchaus als sinnvoll und unter Umständen auch als erfolgreich für uns erwiesen haben. Dennoch haben sich nicht nur positive und hilfreiche Bewertungs- und Interpretationsmuster des schnellen Denkens automatisiert , die unser Denken steuern. Manche Bewertungen und Interpretationen sind unzweckmäßig und wenig hilfreich, insbesondere in der sozialen Interaktion von Führungskräften. Herauszufinden, welche Muster hilfreich und nützlich sind und welche Muster nicht, an denen es also zu arbeiten gilt, ist ein erster Schritt. Für die Optimierung des eigenen Führungsverhaltens ist es zunächst erforderlich, an den unzweckmäßigen und hinderlichen Mustern im Umgang mit anderen Menschen zu arbeiten. Yuan Tze beschreibt zehn grundlegende Muster, die man bei sich hinterfragen sollte:[99]

1. Polarisiertes Denken
2. Übergeneralisierung
3. Unbegründetes Verdächtigen
4. Negativität, Rückzug, Inaktivität, Pessimismus
5. Feste Erwartungen, Vorurteile, Dinge als selbstverständlich betrachten, falsche Annahmen
6. Gier
7. Ich-Bezogenheit
8. Vermeiden und Verstecken
9. Sturheit
10. Kampf um Dominanz, Wunsch zu siegen, Konkurrenzgeist

Die Auslöser für das Denken in Mustern sind individuell. Es reicht, solch einen Auslöser wahrzunehmen (man hört eine bestimmte Formulierung, beobachtet eine bestimmte Situation, betritt einen bestimmten Ort, begegnet einem bestimmten Menschen), und das Bewertungs- und Interpretationsmuster läuft ab. Um effektiv an den eigenen Mustern zu arbeiten, ist es wichtig, diese Auslöser zu erkennen, um dann bewusst den Automatismus zum negativen Musterverhalten zu unterbrechen.

DIE SPRACHE DER ANDEREN VERSTEHEN UND SIE SPRECHEN LERNEN

Um einen Menschen wirklich erreichen zu können, muss man lernen, die Sprache zu sprechen, die er versteht, und in der Sprache zuzuhören, die er spricht.[100] Erst dann wird man immer besser und sicherer erkennen, nach welcher Logik ein Gegenüber funktioniert, dessen Sicht der Dinge akzeptieren und respektieren und aufhören können, die eigene Art des Denkens schlicht zu projizieren. Unter solchen Voraussetzungen kann strukturelle Kopplung entstehen und ist ein wechselseitiges Einschwingen auf vorhandene Stimmungen möglich.[101] Dazu Jürgen Klopp: »Motivation ist ja das, was du unter der Woche machst. Der Begriff suggeriert inzwischen, als müsse ein Trainer einen Spieler aus einer extrem schlechten Position in eine Topverfassung quatschen, und das geht ja nicht. Du musst unter der Woche jeden Einzelnen so behandeln, dass er das Gefühl hat, er kann die Aufgabe stemmen, die am Wochenende kommt. Und dann setzt die unmittelbare Motivation ein, über die wir den Willen aktivieren, also Gründe liefern, warum es sich so besonders lohnt, heute über sich hinauszuwachsen.«[102]

Bei der Kommunikation des Trainers unterscheiden wir die beiden Kommunikationsziele: Botschaften sollen verstehbar sein, und Botschaften sollen sinnstiftend sein.

VERSTEHBARE KOMMUNIKATION

Athleten müssen immer verstehen können, welche Botschaft der Trainer sendet. Es ist nicht Aufgabe des Sportlers, den Trainer zu verstehen, es ist die Aufgabe der Führungskraft, sich so auszudrücken, dass die Sportler sie verstehen!

Es ist ein pädagogischer Grundsatz, den anderen dort abzuholen, wo er gerade steht (siehe Kapitel 4), und dieser Grundsatz ist besonders für transformationale Führung von großer Bedeutung. Reden wir bei transformationaler Führung von intellektueller Stimulation und individualisierter Ansprache, ist nichts anderes damit gemeint als individuell verstehbare Kommunikation. Eben weil es nicht selbstverständlich ist, dass eine Botschaft genauso aufgenommen, entschlüsselt und interpretiert wird, wie sie gesendet wurde, ist es notwendig, dass eine Führungskraft eine individuell verstehbare Kommunikation entwickelt. Sie muss sich der selektiven Wahrnehmung, Interpretation der Wahrnehmung etc. bewusst sein und ihre Kommunikation darauf individuell ausrichten.

Haben Sportler ihren Trainer »verstanden« und kommt es bei ihnen zu einem Informationsgewinn, kann es sich dabei nie um ein passives Geschehen handeln. Der Empfänger »macht« aus der Botschaft, die er aufnimmt, eine Information. Mit ihr kann er – der eigenen Logik entsprechend – etwas »anfangen«.[103] Information entsteht beim Empfänger.[104] Das Wesentliche der Kommunikation hängt also nicht von dem ab, was übermittelt wird, sondern von dem, was im Empfänger geschieht. Denn Empfänger verarbeiten die aufgenommenen Signale und Reize entsprechend ihrer Struktur, ihrer systemeigenen Logik. So mühsam und anstrengend es ist, sich zu überlegen, wie man sich verhalten und ausdrücken muss, damit der andere die ausgesendete Botschaft im eigenen Sinne versteht, sie also adäquat ankommt, so klar kann diese Anstrengung als Bringschuld von Trainern und Führungskräften betrachtet werden.

Die Kommunikation eines Trainers wird dann verstehbar, wenn diese Form der Einwirkung aus der Umwelt vom Sportler als in sich schlüssig strukturiert und klar geordnet aufgenommen werden kann. Dies wird dann Information genannt, weil es sich um ein In-Form-Bringen der Beziehung zwischen dem Organismus und seiner Umwelt handelt.[105]

SINNSTIFTENDE KOMMUNIKATION

Will ein Trainer von seinen Sportlern nicht nur verstanden werden, sondern auch eine konstruktive Verhaltensänderung bei diesen erreichen, muss das, was aufgenommen wird, auch eine Handlungsveranlassung möglich machen. Das bedeutet, dass eine Person diese Einwirkung aus der Umwelt nicht nur nach eigener Logik versteht, sondern damit umgehen kann. Die Einwirkungen müssen als relevant eingeschätzt, eigenes Handeln muss als möglich, lohnend (attraktiv) und sinnvoll erachtet werden.

Hier wird deutlich, dass Konsequenzerwartung (ich verfüge über Handlungsoptionen, um das gewünschte Ergebnis zu erreichen) und Kompetenzüberzeugung (ich traue mir zu, diese Handlungsoption jetzt umzusetzen) in diesem Prozess impliziert sind.

Eine Person wird sich erst dann aktiv einbringen und Eigeninitiative entwickeln, wenn

- sie ihre Situation, anstehende Maßnahmen, Interventionen, Ergebnisse und Folgen versteht,
- sie sich außerdem als so kompetent erlebt, dass sie selbst zu diesem Ergebnis mit entsprechenden Handlungen beitragen kann, und damit
- die anstehenden Handlungsoptionen für sie Sinn ergeben.[106]

Individuelle Sinnhaftigkeit herzustellen ist der Kern jeder Inspiration und kann auch als tätigkeitsorientierter Motivationsanreiz aufgefasst werden. Die hier formulierten Kommunikationsziele implizieren für die Führung neben individueller Berücksichtigung und intellektueller Herausforderung (verstehbare Kommunikation) Inspirations- und Motivationsfähigkeit (sinnstiftende Kommunikation) als Voraussetzung.

Sind die Voraussetzungen gegeben, sollte es ein wesentliches Ziel sein, eine Vertrauensbeziehung zwischen Sportlern und Führungskräften aufzubauen.

VERTRAUEN ENTWICKELN

Der Begriff des »Vertrauens«, der mittlerweile recht häufig in Verbindung mit Führungsverhalten gebracht wird,[107] bringt, allgemein gesagt, die Qualität einer Beziehung zwischen Führungskraft und Mitarbeiter zum Ausdruck. Derjenige, der vertraut, geht dabei freiwillig eine Vorleistung ein, die nicht abgesichert ist.

Vertrauen kann man nicht direkt herstellen. Auch die Aufforderung »Ihr müsst mir vertrauen!« ist nur ein hilfloser Appell. Ein Vertrauender geht ein Risiko ein und macht sich verwundbar, während der Misstrauende dieses Risiko scheut.[108] Transformational arbeitende Trainer kommen nicht umhin, Vorleistungen zu erbringen, und müssen abwarten, ob ihr Angebot wahrgenommen, die Vorleistung erwidert wird.[109] So wie in der Kindererziehung Liebe oder Achtung nicht schlicht eingefordert werden können, muss auch die Führungskraft erst Voraussetzungen schaffen, welche die Entstehung von Vertrauen ermöglichen.[110] Entscheidend für das Vertrauen von Sportlern ist das Verhalten des Trainers, der den ersten Schritt machen und die Vertrauensspirale (Vertrauen wird mit Gegenvertrauen honoriert) in Gang setzen kann.

Gut belegt ist die Tatsache, dass ein durchweg positiver Zusammenhang besteht zwischen vorhandenem Vertrauen und kennzeichnenden Aspekten der Zusammenarbeit wie beispielsweise Offenheit der Kommunikation oder auch Austausch von Informationen. Untersuchungen sprechen ebenfalls dafür, dass Vertrauen in einem positiven Zusammenhang mit individueller Leistung sowie mit verschiedenen Aspekten der Arbeitszufriedenheit steht.[111] Es gibt aber auch Stimmen, die dem Vertrauen im Kontext Führung durchaus kritisch gegenüberstehen und den Vertrauensdiskurs in diesem Zusammenhang als einseitig und verklärend bezeichnen.[112] Vertrauen sei angepriesen als Allheilmittel »für fast alle interpersonalen oder organisationalen Pathologien«[113], und es wird im Gegenzug sogar für ein gesundes Maß an Misstrauen plädiert.

Zweifellos kann auch über Misstrauen, Angst und Kontrolle kurzfristiger Erfolg entstehen, langfristiger unter Umständen dann, wenn man zum Beispiel in regelmäßigen Abständen ein Team komplett austauscht.

Jedoch verhindert das Führungsprinzip »Vertrauen ist gut – Kontrolle ist besser« ganz sicher Selbstorganisation[114] und damit die Chance einer strukturellen Kopplung als wesentlicher Voraussetzung für den Aufbau einer Kompetenzüberzeugung des Teammitglieds (siehe Kapitel 8).

Es hängt von den strukturellen Gegebenheiten der Institution ab, ob Vertrauen eine sinnvolle Führungsgrundhaltung ist oder nicht. Vertrauen ist an Zeit und Gelegenheiten im gegenseitigen Kontakt der Interaktionspartner gebunden und kann dann gelingen, wenn man immer wieder miteinander zu tun hat und deswegen auch auf enttäuschtes Vertrauen wirksam reagieren kann. Je größer und unübersichtlicher (hinsichtlich der beteiligten Personen, aber auch der Möglichkeit des Face-to-Face-Kontakts) eine Institution oder Organisation ist, desto weniger Vertrauen kann entstehen, und desto mehr muss mit Regeln und durch Gesetze geführt werden, deren Einhaltung gleichzeitig kontrolliert werden muss.[115] Es geht jedoch nicht nur um die Gruppengröße, sondern auch darum, ob die Führungskraft es als ihre Aufgabe ansieht und dementsprechend Zeit und Engagement investiert, möglichst viele Face-to-Face-Kontakte zu ermöglichen. »In der Trainerausbildung in den USA wird dir eingebläut: Versuche jeden Tag, einen Eins-zu-eins-Kontakt mit jedem Spieler hinzubekommen. Das ist verdammt hart!«, sagte ein Eishockeybundestrainer, der seine Trainerausbildung in den USA absolviert hatte.

Neben einer Haltung, die signalisiert »Meine Tür steht jederzeit offen, jeder, der etwas von mir will, kann kommen!«, kommt der Qualität der Kommunikation eine wesentliche Bedeutung in der Entstehung und Aufrechterhaltung von Vertrauen zu. Aus unserer Erfahrung sind folgende Merkmale des Führungsstils Voraussetzung dafür, dass sich eine Vertrauensbeziehung zwischen Führungskraft und Mitarbeitern entwickeln kann:

AKTIVE KOMMUNIKATION

Grundsätzlich geht es bei der aktiven Kommunikation durch eine Führungsperson darum, initiativ auf den anderen zuzugehen, die Kommunikation in Gang zu setzen und aufrechtzuerhalten.[116] Selbst das Gespräch suchen, deutliche Ansprechbarkeit signalisieren, Gelegenheiten schaffen und nutzen, in denen ein informeller Kontakt möglich ist – dies alles sind Merkmale aktiver Kommunikation.

Manche Trainer nutzen zum Beispiel den Weg vom Hotel oder Trainingszentrum zum Trainingsplatz, um bei dem einen oder anderen Spieler nachzufragen, ob zu Hause alles in Ordnung ist, wie es den Kindern geht, ob die Freundin oder der Freund einen Job bekommen hat. Dies hat natürlich nur dann einen positiven Effekt, wenn der Trainer sich gut in der Lebenswelt der Spieler auskennt. Oberflächliche Gespräche über das Wetter oder die Qualität des Essens im Hotel erreichen in der Regel wenig und signalisieren auch kein wirkliches Interesse am Gegenüber.

Jahrelang erfolgreiche Trainer wie Vicente del Bosque berichten, dass das Interesse am Sportler ein wesentlicher Anteil ihres Jobs ist: »Ich würde sagen, dass neben rein sportlichen Erwägungen wie Trainingsgestaltung, Auswahl des Spielsystems oder taktische Fragen rund die Hälfte meiner Arbeitszeit dem Gedankenaustausch mit meinen Spielern dient. Vielleicht ist es sogar noch etwas mehr.«[117]

Oder Jürgen Klopp: »Ich habe jeden Tag mit den Spielern zu tun, ich spreche ganz viel mit denen, weiß sehr viel von ihnen, kenne ihre Familienverhältnisse, weiß, wo sie herkommen, warum sie den Weg eingeschlagen haben und was sie erlebt haben. Ich habe sehr große Freude daran, dass die Jungs sich nicht nur als Spieler, sondern auch als Menschen entfalten können. [...] Ich versuche, jeden so gut kennenzulernen, dass ich sicher bin, ihn nicht zu überfordern mit dem, was wir machen.«[118]

Aktive Kommunikation mit echtem Interesse an den Sportlern wird nur gelingen, wenn man respektvoll mit ihnen umgeht. Jemanden zu respektieren heißt, ihn ernst zu nehmen und seine Struktur (Lerngeschichte, Sozialisation etc.) anzuerkennen. Man bildet sich schnell eine

Meinung über einen Menschen, glaubt, zu verstehen, wie der andere funktioniert und wie man mit ihm umgehen muss. Erst mit Interesse und Respekt an der Person zeigt der erneute Blick, wie viel man übersehen hat.[119]

Respekt bedeutet auch, die Grenzen der Mitmenschen zu akzeptieren und zu bewahren. Wer jemanden respektiert, drängt sich nicht auf, hält sich aber auch nicht zurück oder distanziert sich. Eine in diesem Sinne konstruktive Haltung einer Führungskraft ist, Mitarbeiter oder Spieler als eine Art Lehrer zu achten und sich zu fragen: Was kann er mich lehren, was ich noch nicht weiß?[120] Um echtes Vertrauen entstehen zu lassen, muss aktive Kommunikation natürlich allen Spielern oder Mitarbeitern gleichermaßen zugutekommen und nicht nur einem bevorzugten, ausgewählten Kreis.

RELATIVE SOZIALE GLEICHABSTÄNDIGKEIT

Über den ehemaligen Fußballbundestrainer Sepp Herberger wird erzählt, dass er vor einem wichtigen Spiel auf jeden seiner Spieler zugegangen sei und ihm unter vier Augen zu verstehen gegeben habe, dass er heute besonders wichtig sei und er als Trainer gerade heute besonders auf ihn zähle.

Jeder Trainer kommt mit einigen Spielern schnell und mühelos in Verbindung, mit anderen gestaltet sich der Prozess schwieriger. Die unvermeidbare Heterogenität in der Teamzusammenstellung verlangt es aber, dass ein Trainer sich mit allen Spielern gleichermaßen intensiv beschäftigt. Seine Aufgabe ist es, auch mit den für ihn vielleicht schwierigeren Spielern eine strukturelle Kopplung herzustellen, ohne dabei diejenigen, mit denen er schon auf einer Wellenlänge ist, zu vernachlässigen.

SUBJEKTIVE FAIRNESS

Fairness meint eine individuell akzeptierte Gerechtigkeit, die wiederum auf der Einhaltung bestimmter vorab formulierter Regeln aufbaut. Regeln gelten für alle gleich. Ob diese Regeln fair sind, ist mehr oder weniger unerheblich. Jeder Spieler sollte das Gefühl haben, dass er entsprechend diesen Regeln fair behandelt wird. Athleten sind dann sogar bereit, für sich nachteilige Entscheidungen zu akzeptieren (zum Beispiel klare, nachvollziehbare Kriterien bei der Kadernominierung). Man kann vier Prinzipien fairer Führung unterscheiden:[121]

1. *Ergebnisfairness:* Ein Ergebnis wird dann als fair eingeschätzt, wenn das Verhältnis des eigenen Inputs zum eigenen Output dem entspricht, was auch andere für entsprechende Leistungen erhalten.
2. *Prozedurale Gerechtigkeit:* Ein Vorgehen ist dann fair, wenn die praktizierten Regeln und Entscheidungsprozesse gleichermaßen auf alle Personen angewendet werden, die Entscheidung nicht durch persönliches Selbstinteresse oder Voreingenommenheit der Entscheidungsträger beeinflusst wird, fehlerhafte oder unangemessene Entscheidungen geändert werden können, die Bedürfnisse und Meinungen aller Betroffenen berücksichtigt werden und diese die Möglichkeit haben, ihre Meinung kundzutun und Gehör zu finden.[122]
3. *Interpersonale Gerechtigkeit:* Der Umgang mit den Betroffenen durch die Entscheidungsträger wird dann als fair eingeschätzt, wenn Verständnis und Unterstützung signalisiert werden. Hart in der Sache, fair gegenüber den Personen.
4. *Informationale Gerechtigkeit:* Sie beinhaltet die umfassende und detaillierte Information der Betroffenen zu den verschiedenen Aspekten einer Entscheidung.

In manchen Situationen, insbesondere im Wettkampf, wenn es um Spitzenleistung geht, ist es oft kaum möglich, alle Spieler fair zu behandeln beziehungsweise zu erreichen, dass sich alle fair behandelt fühlen. Manchmal müssen Ausnahmen gemacht werden, für die meistens auch triftige Gründe vorliegen. Trainer sollten frühzeitig ein Gefühl dafür bekommen, wenn sich einzelne Spieler nicht fair behandelt fühlen, und versuchen, über aktive Kommunikation gegenzusteuern. Dies wird nur gelingen, wenn sich die Spieler auf die Aussagen des Trainers verlassen können, weil eine verlässliche Kongruenz zwischen Reden und Handeln besteht.

Manche subjektive Unfairness lässt sich aber auch nicht komplett auflösen. Im Kader einer Fußballmannschaft stehen bei einer Weltmeisterschaft 23 Spieler, von denen maximal 14 spielen können (elf in der Startformation und maximal drei Einwechselspieler): Hat ein Spieler das Gefühl, es sei unfair, dass er nicht zum Einsatz kommt, bleibt dem Trainer nur, seine Gründe zu erklären. Beide Seiten müssen dann damit leben.

KONGRUENZ ZWISCHEN REDEN UND HANDELN

Letztlich sind es Rollensouveränität, sensibles Wahrnehmen von Rollenerwartungen und passende Rolleninterpretation, die den Trainer authentisch wirken lassen. Die damit einhergehende Kongruenz zwischen Reden und Handeln ist eine ganz wesentliche Voraussetzung für das Entstehen von Vertrauen. Ein zentraler Bestandteil dieser Kongruenz ist Transparenz und damit Ehrlichkeit, die ein Trainer gegenüber seinen Spielern stets zeigt.

Jupp Heynckes bezeichnet in einem Interview Ehrlichkeit als wesentliche Komponente für seinen Erfolg beim FC Bayern. Frage:»Im April vergangenen Jahres hat Franck Ribéry dem offenbar ungeliebten Kollegen Arjen Robben in der Halbzeitpause des Champions-League-Spiels gegen Real Madrid ein blaues Auge gehauen. Jetzt sagt Karl-Heinz Rummenigge, er habe in 39 Profijahren noch nie so eine Harmonie erlebt. Die entsteht doch nicht nur durch ein paar Gespräche.« Antwort Jupp Heynckes:»Ich denke, dass das sehr viel mit meinem Führungsstil zu tun hat. Und dazu gehört: Ich bin immer ehrlich mit meinen Spielern, auch wenn ich weiß, dass ihnen diese Ehrlichkeit hin und wieder wehtun wird. Die Spieler haben Vertrauen zu mir gehabt, in meine Person und in meine Kompetenz.«[123]

Erfolgreiche Führungskräfte zeichnen sich durch ein hohes Maß an Selbstreflexion und durch die Bereitschaft aus, immer wieder dazuzulernen und ihre Rolle erwartungsgemäß zu interpretieren. Dabei verlieren sie ihre Authentizität jedoch nicht, sondern legen großen Wert auf Ehrlichkeit und Vertrauen. Diese Rollensouveränität erfordert, dass sich Führungskräfte selbst gut kennen.

Sich selbst gut zu kennen bedeutet, seine Stärken und Schwächen richtig einschätzen zu können und von dem, was man kann, auch überzeugt zu sein. Bezogen auf die Anforderung an die Führungskraft geht es bei der Kompetenzüberzeugung darum, die Überzeugung in die eigene transformationale Führungskompetenz aufzubauen.[124] Wie dies gelingen kann, soll im nächsten Kapitel erläutert werden.

6 ICH: DIE EIGENE KOMPETENZÜBERZEUGUNG AUFBAUEN UND ENTWICKELN

Die Kompetenzüberzeugung[125] ist im Spitzensport die zentrale Komponente, die dazu beiträgt, dass Athleten ihre optimale Leistung zum definierten Zeitpunkt, dann, »wenn's drauf ankommt«, abrufen können.[126]

Führungsqualität ist ebenfalls eine Leistung, wobei die individuelle Überzeugung in die eigene Kompetenz auch bei einem Trainer Voraussetzung für erfolgreiches Agieren ist.

Aber gehen wir noch einmal zurück zum sportlichen Wettkampf. Warum ist es überhaupt so schwierig, zu einem definierten Zeitpunkt seine Leistung abzurufen? Immerhin sind Training und Wettkampf im Hinblick auf die relevanten Anforderungen (Technik, Taktik, Material) nicht grundsätzlich verschieden.

▶ Story: Das kann man nicht trainieren

Der Sportpsychologe besprach mit dem deutschen Ski-alpin-Nationalteam der Damen verschiedene Formen und Standards des sportpsychologischen Trainings. Dem Team wurde dabei erklärt, dass das Ziel des sportpsychologischen Trainings darin besteht, dass sie, die Läuferinnen, dann, wenn es drauf ankommt, ihre Leistung wirklich abrufen können. Das, was im Training möglich ist, sollten sie auch im Wettkampf leisten können. Eine Skifahrerin schüttelte nach den Ausführungen des Psychologen nur verständnislos den

Kopf und meinte lapidar: »Im Wettkampf ist alles anders, das kann man nicht trainieren!« ◀

Stimmt das? Ist im Wettkampf tatsächlich alles anders als im Training? Natürlich nicht! Vieles ist sogar vollkommen identisch, im Fall des Beispiels: die Skier, der Untergrund, die geforderte Technik etc. Wenn alles anders wäre, wäre Training in vielerlei Hinsicht sinnlose Zeitverschwendung. Warum also erlebt die Athletin den Wettkampf dennoch als etwas völlig anderes als ihr Training? Dieses häufig zu beobachtende Phänomen hat etwas mit Aufmerksamkeit zu tun. Im Training ist die Skifahrerin mit der Technik, den Toren, dem gesteckten Lauf, den Schneeverhältnissen etc. beschäftigt. Die Aufmerksamkeit ist auf die für ihre Leistung relevanten Dinge gerichtet. Im Wettkampf lenken Gegner, Medien, Fans, Zuschauer etc. diese fokussierte Aufmerksamkeit ab mit der Folge, dass auch die Leistungsanforderung anders erlebt wird als im Training – oft mit fatalen Auswirkungen auf die Performance, wie wir noch sehen werden. Es geht also darum, sich im Wettkampf nicht mit – für die Leistungserbringung – irrelevanten Dingen zu beschäftigen, sondern die Aufmerksamkeit aktiv auf die relevanten Dinge zu lenken.

Wenn eine Sportlerin oder ein Sportler bereits erfolgreich war und nun unter dem Erwartungsdruck steht, auch weiterhin zu siegen, fällt es ihr oder ihm möglicherweise noch schwerer, die Aufmerksamkeit im Wettkampf auf die relevanten Dinge zu richten.

Neben der erhöhten Schwierigkeit, sich im Wettkampf nicht von irrelevanten Dingen ablenken zu lassen, fällt es Sportlerinnen und Sportlern auch gerade im Wettkampf schwer, auf ihre eigenen Fähigkeiten zu vertrauen. Bei den Skispringern gibt es den Satz: »Einen perfekten Sprung kann man nicht planen, er passiert, wenn man ihn zulässt!« Die große Kunst der Spitzensportler ist es anscheinend, die Handlung und Bewegung unverkrampft zuzulassen, obwohl der Wettkampf besonders wichtig ist und man den Erfolg ganz besonders will.

Gerade in Situationen, in denen man selbst oder auch das Umfeld Erwartungen an die eigene Performance aufbaut, scheint es einem jedoch besonders schwerzufallen, nicht mehr aktiv in sein Handeln einzugreifen, sondern darauf zu vertrauen, dass alles, was man benötigt, in einem vorhanden ist. Denn man möchte sich und die anderen auf keinen Fall enttäuschen.

Dabei sind besonders die an sich selbst und von außen gestellten Erwartungen vor allem nach bereits erzieltem Erfolg häufig störend: Mit den entsprechend gesteigerten (eigenen und fremden) Ansprüchen konfrontiert, beschäftigt man sich eher mit dem erwünschten Ergebnis, strengt sich besonders an und will es besonders gut machen.

▶ Story: Versagt im Sport[127]

Thomas Rupprath war eigentlich Schmetterlingsschwimmer. Er hat mit Ausnahme der 200-Meter-Distanz alle deutschen Rekorde von »Albatros« Michael Groß unterboten. Doch in Fukuoka bei der Weltmeisterschaft 2001 scheiterte er über 100 Meter und 200 Meter bereits im Halbfinale – mit Zeiten, die er jeden Tag im Training schwimmt. Auf seiner Nebenstrecke 50 Meter Rücken holte er sich dagegen ohne besondere Vorbereitung erst den Europarekord und dann die Silbermedaille.

Den Unterschied machte seine Erwartungshaltung aus. Während er über die Schmetterlingsstrecken auf eine Medaille hoffte, ging er ohne ambitionierte Gedanken in den für ihn unwichtigen Rücken-Sprint. »Der Kopf hat mal wieder versagt«, sagt Rupprath. ◀

Auf den ersten Blick erscheint es schwer verständlich: Zum entscheidenden Zeitpunkt soll der Sportler nicht mehr aktiv wollen dürfen? Weil er sich, wenn er zu viel will, selbst im Weg steht?

Der Schlüssel zum Erfolg ist tatsächlich, im entscheidenden Moment loszulassen und auf seine Fähigkeiten zu vertrauen. Man kann allerdings nur dann loslassen, wenn man von seinen Fähigkeiten auch maximal überzeugt ist. Und genau daran gilt es im Vorfeld zu arbeiten, nämlich diese maximale Überzeugung in die eigene Kompetenz aufzubauen.

IM FLOW

Ein dem »Loslassen« und intuitiven Funktionieren ähnliches Gefühl vermittelt das viel beschriebene Flow-Erleben. Scheinbar ganz ohne zu denken, geht man in einer Tätigkeit oder – wie im Sport – einer Bewegung auf und übt sie in Perfektion aus.

Der Flow-Begriff geht auf Mihály Csíkszentmihályi[128] zurück, der ihn aus seinen Beobachtungen von besonders aktiven und hoch motivierten Menschen – darunter Maler, Schachspieler, Bergsteiger, Chirurgen und Tänzer – abgeleitet hat. Viele dieser Menschen berichteten immer wieder über intensive Glücksgefühle bei der Ausführung ihrer jeweiligen Tätigkeit. »Deine Konzentration ist vollständig. Deine Gedanken wandern nicht herum«, erklärte zum Beispiel eine Tänzerin. »Du denkst an nichts anderes, du bist total in deinem Tun absorbiert. [...] Deine Energie fließt sehr leicht. Du fühlst dich entspannt, angenehm und energievoll.«[129]

Ein Skeet-Schütze (auch bekannt als Tontaubenschießen) beschrieb ein Flow-Erlebnis folgendermaßen: »Du bist wie auf einem Strahl. Die Waffe fliegt dir ins Gesicht. Du kannst nichts dagegen tun. Du machst das, wie es sich gehört. Du denkst, dass du genau das Richtige denkst. Die perfekte Situation, es kann nichts schiefgehen: überlegene Sicherheit.«

Breiter angelegte Forschungen zeigen, dass es auf allen Ebenen, von Topmanagern bis zu Fließbandarbeitern, Menschen gibt, die in der Lage sind, in ihrer alltäglichen Beschäftigung Flow-Erfahrungen zu sammeln und diese Erfahrungen dann auch gezielt anzusteuern.[130] Beim Flow ist man sich zwar seiner Handlung bewusst, aber nicht mehr seiner selbst. Kahneman spricht in diesem Zusammenhang auch von kognitiver Leichtigkeit. Ein hohes Ausmaß an kognitiver Leichtigkeit ist ein Zeichen dafür, dass alles gut läuft – keine Bedrohungen, keine wichtigen Neuigkeiten, keine Notwendigkeit, die Aufmerksamkeit neu auszurichten oder sich stärker anzustrengen. Das Ausbleiben von kognitiver Leichtigkeit bedeutet dagegen, dass ein Problem existiert, welches eine verstärkte Aktivierung des langsamen Denkens erfordert.

Das Flow-Erlebnis ist zwar sehr individuell, es gibt dennoch einige universale Merkmale, die diesen Zustand kennzeichnen:[131]

- *Das Gefühl der Sicherheit:* Das Gefühl, alles unter Kontrolle zu haben. Es wird begleitet von völliger Sorgenfreiheit: Man weiß genau, was »gut« und was »schlecht« ist.
- *Das Gefühl der Ichlosigkeit:* Es findet ein Verschmelzen mit der Handlung statt.
- *Selbstzweckhaftigkeit:* Es braucht keine Ziele oder Belohnungen, um eine Tätigkeit motiviert auszuführen. Die Handlung hat nur sich selbst zum Ziel.
- *Widerspruchsfreie Handlungsanforderungen:* Man erlebt das völlige Aufgehen in einer Tätigkeit, in der man alle Anforderungen erfüllen kann, und hat das Gefühl, die eigenen Fähigkeiten reichen aus, um sich den vorhandenen Handlungsmöglichkeiten und Anforderungen zu stellen.

Viele Sportler, die den Zustand des Flows einmal erlebt haben, wollen dieses Gefühl immer wieder erleben, suchen dieses Gefühl, wollen es manchmal so sehr, dass sie sich dabei selbst im Weg stehen. Der Versuch, aktiv durch bewusste Steuerung in einen Flow-Zustand zu kommen, ist aussichtslos. Denn auch der Flow-Zustand erfordert Loslassen, welches ein starkes Vertrauen in die eigene Leistungsfähigkeit voraussetzt. Unserer Erfahrung nach ist die Überzeugung in die eigene Kompetenz, die schon erwähnte Kompetenzüberzeugung, eine wesentliche Voraussetzung, um loslassen zu können.

DIE KOMPETENZÜBERZEUGUNG

Im Konzept der Kompetenzüberzeugung wird zwischen der Kompetenzüberzeugung und Konsequenzerwartung unterschieden.[132] Unter Konsequenzerwartung versteht man die Einschätzung einer Person, dass ein bestimmtes Verhalten zu einem bestimmten Ergebnis führt.

Dies könnte beispielsweise im Fußball die Einschätzung eines Spielers sein, einen Elfmeter an einer bestimmten Stelle im Tor sicher verwandeln zu können. Die Kompetenzüberzeugung hingegen beinhaltet die Gewissheit, die für ein bestimmtes Ergebnis nötigen Handlungen in der konkreten Situation auch umsetzen zu können. So konnte man auch im internationalen Profifußball beim Elfmeterschießen manchen Spielern im Gesicht ablesen, dass ihre natürlich vorhandene Konsequenzerwartung (jeder Fußballprofi kann einen Strafstoß sicher verwandeln) im Moment des Elfmeterschießens nicht von einer entsprechenden Kompetenzüberzeugung begleitet wurde.

Es gibt aber auch den anderen Fall: Bemerkenswert das Statement des Nationalspielers Thomas Müller bei der Fußball-WM in Brasilien, nachdem er im wichtigen ersten Vorrundenspiel gegen Portugal nach wenigen Minuten den Strafstoß sicher verwandelte. Auf die Schwierigkeit dieser Aufgabe in der Mixed-Zone angesprochen, antwortete er: »Ich hab schon die eine oder andere Aktion im Weltfußball mitgemacht, und da werde ich beim Elfmeter nicht nervös.«[133]

Die oben erwähnte Unterscheidung ist relevant: Eine Person kann zwar der Überzeugung sein, dass ein bestimmtes Verhalten zu einem ganz bestimmten Ergebnis führt, und sie traut sich dieses Verhalten prinzipiell auch zu. Sieht sich diese Person aber in der konkreten Situation nicht in der Lage, die notwendige Handlung auch auszuführen, bedeutet dies, dass sie aktuell keine Kompetenzüberzeugung hat. Umgekehrt ausgedrückt: Positive Kompetenzüberzeugung schließt eine positive Konsequenzerwartung ein. Für die erfolgreiche Ausführung einer Handlung ist das Wissen um beispielsweise korrekte Bewegungsabläufe entscheidend, aber zusätzlich auch die subjektive Überzeugung, dieses Wissen in der Anforderungssituation erfolgreich anwenden zu können.

Die Kompetenzüberzeugung wirkt sich auch auf die Motivation aus: Je mehr man glaubt, mithilfe eigener Ressourcen eine aktuelle Herausforderung beziehungsweise eine Situation jetzt bewältigen zu können, desto mehr wird man motiviert sein, diese Überzeugung in aktives Handeln umzusetzen.[134]

Daher bestimmt ihr Ausprägungsgrad auch darüber, welches Maß an Anstrengung eine Person aufwendet und wie ausdauernd sie dabei ist. Menschen mit ausgeprägter Kompetenzüberzeugung sind eher dazu bereit, auch schwierigen Aufgaben aktiv und optimistisch entgegenzutreten, Anstrengungen in die Lösung dieser Aufgaben zu investieren und diese Anstrengungsinvestition auch bei Rückschlägen aufrechtzuerhalten. Sie glauben an die eigenen guten Fähigkeiten und erwarten von sich selbst eine Lösung des Problems.[135]

Personen mit einer schwach ausgeprägten Kompetenzüberzeugung führen dagegen persönliche Misserfolge auf die eigene Unfähigkeit zurück, was die Kompetenzüberzeugung zusätzlich schwächt und ein schwaches Konzept eigener Fähigkeiten etablieren kann. Solche Personen neigen dazu, Misserfolge als Beweise eigener Unfähigkeiten zu interpretieren, wodurch rückwirkend die schwachen Kompetenzüberzeugungen bestätigt und gefestigt werden. Dieser Teufelskreis wird zusätzlich dadurch stabilisiert, dass solche Personen die Konfrontation mit kritischen und bedrohlichen Situationen meiden oder aufgrund defizitärer Erwartungen schnell aufgeben. Weitere Misserfolge beschleunigen diesen Kreislauf im Sinne einer sich selbst erfüllenden Prophezeiung.[136]

Es weist demnach vieles darauf hin, dass die Kompetenzüberzeugung eine ganz zentrale und elementar wichtige Komponente der Spitzenleistung ist. Dies bestätigen auch entsprechende wissenschaftliche Ergebnisse.

▶ Studie: Zusammenhang Kompetenzüberzeugung und Leistung

Der Zusammenhang zwischen Kompetenzüberzeugung und sportlicher Leistung war Gegenstand zahlreicher wissenschaftlicher Untersuchungen. Die Befunde sind jedoch sehr heterogen und schwanken nach einer Meta-analyse,[137] in die 45 Studien einbezogen wurden, zwischen einem sehr schwachen und einem sehr starken Zusammenhang (schwach: $r = .01$; stark: $r = .79$[138]). Die Metaanalyse ergab insgesamt einen durchaus beachtlichen mittleren Zusammenhang ($r = .38$). Andere Studien deuten darauf hin, dass die Kompetenzüberzeugung der stärkste Prädiktor der sportlichen Leistungsfähigkeit ist.[139] ◀

Die Kompetenzüberzeugung bezieht sich dabei auf die subjektive Verfügbarkeit von Bewältigungshandlungen, ohne mit den objektiven Handlungsressourcen übereinstimmen zu müssen. Das bedeutet, dass nicht unbedingt die Fähigkeiten und Fertigkeiten entscheidend sind, sondern die Gewissheit über deren aktuelle Verfügbarkeit. Die Tatsache, dass man kritische Situationen erfolgreich bewältigt, bedeutet daher auch nicht gleichzeitig, dass dies die Kompetenzüberzeugung bestätigt oder stärkt. Es kommt vielmehr darauf an, wie Handlungsergebnisse interpretiert werden, zum Beispiel welche Ursachen ihnen zugeschrieben werden. Kurz: Eine Person mit einer hoch ausgeprägten Kompetenzüberzeugung für eine bestimmte Situation hat für die Bewältigung der Anforderung die hierfür erforderlichen Ressourcen zur Verfügung und ist überzeugt, diese auch erfolgreich einsetzen zu können.

Solche Menschen werden als souverän empfunden und strahlen für andere Sicherheit aus. Souveräne Menschen wirken auf andere reflektiert, selbstsicher, überzeugend und dadurch glaubwürdig. Sie vermitteln den Eindruck, dass sie sich durch Schwierigkeiten, Hindernisse oder Widerstände nicht beeindrucken lassen. Sie wirken in brenzligen Situationen stabil und gelassen, bewahren einen »kühlen Kopf«, behalten den Überblick und übernehmen für sich – genau wie für ihre Fehler – nüchtern die Verantwortung.[140]

Bedeutet dies, dass sich Personen mit einer souveränen Ausstrahlung durch besondere Überzeugungen von den eigenen Kompetenzen auszeichnen? Es spricht vieles dafür, dass eine ausgeprägte Kompetenzüberzeugung für eine anstehende Anforderung von Vorteil ist, um Souveränität auszustrahlen und zu erleben.

OPTIMIERUNG DER INDIVIDUELLEN KOMPETENZÜBERZEUGUNG

Bei der systematischen Entwicklung ihrer Kompetenzüberzeugung können Trainer vier Ansatzpunkte nutzen, die als Quellen der Kompetenzüberzeugung beschrieben werden.[141]

- Individuelle persönliche Erfahrung in der erfolgreichen Bewältigung der Anforderung: erfolgreiche Praxis in vivo,
- die stellvertretende Erfahrung: erfolgreiche Praxis in sensu,
- die sprachliche Überzeugung und
- die angemessene Aktiviertheit.

INDIVIDUELLE ERFAHRUNG: ERFOLGREICHE PRAXIS IN VIVO

Die anforderungsspezifische Kompetenzüberzeugung baut sich über die Zeit auf. Bedeutend dafür sind insbesondere eigene Erfolge, das heißt das eigene Erleben der erfolgreichen Performance.

▶ *Story: Schlierenzauer*[142]

Gregor Schlierenzauer, ein österreichischer Skispringer, hatte fast alles gewonnen, was es zu gewinnen gab. Er ließ sich in einem Interview zu der Aussage hinreißen: »Ich kann es mir nicht vorstellen, einen Wettkampf nicht zu gewinnen!« Ist das arrogant, ist das vermessen und überheblich? Nein, es war zu diesem Zeitpunkt vielmehr seine Erfahrung und seine Vergangenheit. Wer sich mit der sportlichen Entwicklung von Gregor Schlierenzauer befasst, wird feststellen, dass er in allen Kaderstufen, die er durchlaufen hat, fast immer zu den Siegern in den dazugehörigen Wettkämpfen zählte. Sein Ausnahmetalent, sein Fleiß und Ehrgeiz, aber auch die sensible Steuerung durch seine damaligen Trainer führten zu einer außergewöhnlich hohen Zahl an erfolgreichen Wettkämpfen. Dies mündete letztlich in einer stabilen und wahrscheinlich sehr stark ausgeprägten Überzeugung in die eigene Kompetenz bei Skisprungwettbewerben. ◀

Erfolgreiche Handlungen rufen die Erwartung hervor, etwas zu beherrschen und zu kontrollieren. Es scheint relevant zu sein, eine bestimmte Tätigkeit auf hohem Niveau nicht nur zu beherrschen, sondern darin auch erfolgreich zu sein, das heißt zu erleben, dass man sie zu einem definierten Zeitpunkt abrufen kann. Dies führt zu der Frage, wie viele erfolgreiche Erlebnisse oder erfolgreiche Erfahrungen notwendig sind, um eine stabile Kompetenzüberzeugung für eine Tätigkeit auf höchstem Niveau zu erlangen.

Einen ersten Anhaltspunkt liefert hier die 10 000-Stunden-Regel, die besagt, dass alle extrem erfolgreichen Menschen in ihrem Bereich mindestens 10 000 Stunden intensive und konzentrierte Übung hatten und somit auch eine entsprechend hohe Überzeugung in die eigene Kompetenz aufbauen konnten.[143] Das soll als allgemeingültiges Prinzip auf Pianisten, Sportler, Manager, Programmierer etc. gleichermaßen zutreffen und zum Ausdruck bringen, dass auch die großen Meister ihr Können erarbeiten müssen und es ihnen – entgegen der verbreiteten Annahme – nicht in die Wiege gelegt wurde.[144]

Obwohl die 10 000-Stunden-Regel keinesfalls als wissenschaftlich solide belegt gelten kann, scheint sie für die Entwicklung der Kompetenzüberzeugung insofern plausibel, als langjähriges Training und eine erfolgreiche Durchführung der Tätigkeit benötigt werden, um ein adäquates Vertrauen in das eigene Können aufzubauen und damit auch in schwierigen Situationen auf höchstem Niveau zuverlässig agieren zu können. Wenn man wiederholt Anforderungssituationen erfolgreich meistert und dadurch den Zusammenhang zwischen persönlichem Anstrengungsaufwand und den Konsequenzen aus der Umwelt wahrnimmt, baut sich die positive Erwartung an die eigene Kompetenz langsam auf. Erfährt man jedoch nicht »am eigenen Leib«, dass man eine bestimmte Herausforderung erfolgreich meistern kann – oder erlebt man häufiger sogar das Gegenteil (Misserfolg) –, wird sich nur schwer eine Überzeugung in die eigene Kompetenz einstellen können. Ist die Kompetenzerwartung jedoch durch wiederholten Erfolg erst einmal stärker ausgeprägt, nimmt der negative Einfluss von gelegentlichem Misserfolg ab. Später überwundene gelegentliche Misserfolge können sogar das Durchhaltevermögen stärken, wenn die Person die Erfahrung macht, dass bei anhaltendem Bemühen auch schwierige Hindernisse, Phasen des Misserfolgs oder Krisen überwunden werden können.[145]

Auch die Trainerkompetenzerwartung wird in erster Linie durch die eigene Erfahrung als (erfolgreicher) Trainer beeinflusst. So ist die Trainerkompetenzerwartung in entsprechenden Studien am stärksten mit der Trainererfahrung assoziiert.[146]

Fazit und Transfer: Regelmäßiger Erfolg wird dadurch ermöglicht, dass man sich passende, erreichbare Ziele setzt und langsam – mit zunehmendem Können – die gestellten Anforderungen steigert. Ein langfristig angelegter Karriereplan hilft in Überforderungssituationen und reduziert Misserfolg und Rückschläge.

STELLVERTRETENDE ERFAHRUNG: ERFOLGREICHE PRAXIS IN SENSU

Die Beobachtung von Personen, die erfolgreich Anforderungssituationen meistern, kann auch beim Beobachter zu der Erwartung führen, in der gegebenen Anforderungssituation selbst erfolgreich handeln zu können. Aus sozialen Vergleichsprozessen werden Schlussfolgerungen auf die eigene Kompetenz gezogen. Die stellvertretende Erfahrung ist eine weniger verlässliche Informationsquelle über die eigenen Fähigkeiten als die direkte positive Erfahrung und beeinflusst die Kompetenzüberzeugung somit weniger stark. Es hat sich in Untersuchungen[147] herausgestellt, dass die Gleichheit zwischen Modell und Beobachter die entscheidende Komponente für die positive Veränderung der Kompetenzüberzeugung ist. Je ähnlicher das Modell dem Akteur ist, desto eher werden Rückschlüsse auf die eigenen Fähigkeiten gezogen (»Wenn sie das kann, kann ich das auch!«).

Ähnliches kennt man aus der Aktivierung von Spiegelneuronen. So wurden im prämotorischen Kortex von Affen Neuronen gefunden, die bereits bei der reinen Beobachtung einer Tätigkeit aktiviert sind, so, als ob diese Aktion selbst ausgeführt würde.[148] Während der Affe sieht, wie ein anderer Affe eine Erdnuss nimmt und verzehrt, spielt er im

Inneren diese Situation nach. Er spiegelt das motorische Verhalten seines Artgenossen.

Dass auch Menschen motorische Gehirnregionen allein über das Beobachten von Bewegungen aktivieren, konnte bei der Messung der Hirnaktivität von Versuchspersonen, die Fingerbewegungen beobachteten, gezeigt werden.[149] Handlungen, die bei anderen Menschen wahrgenommen werden, aktivieren im Gehirn der Beobachter ein eigenes motorisches Schema, und zwar genau dasselbe, das für die tatsächliche Ausführung der beobachteten Handlung zuständig wäre.[150] Von der wahrgenommenen Handlung wird eine interne neuronale Kopie hergestellt, so als vollzöge der Beobachter die Handlung selbst.

Wie das System der Spiegelneuronen funktioniert, lässt sich am Beispiel eines Flugsimulators anschaulich erklären.

▶ Story: Flugsimulator

»Ein echter Pilot zieht in einer Propellermaschine in geringer Höhe seine Kreise. Alle Flugoptionen, die er mit seiner Maschine durchführt, werden in Echtzeit in einen Flugsimulator am Boden übertragen, in dem sich der ›Beobachter‹ befindet. Seine ›Beobachtung‹ besteht darin, dass er den Flug des Piloten als Simulationsprogramm erlebt. Ebenso wie der im Flugsimulator sitzende ›Beobachter‹ macht auch jeder andere Mensch, der die Handlung eines anderen Menschen beobachtet, folgende Erfahrung: Indem er das, was er beobachtet, unbewusst als inneres Simulationsprogramm erlebt, versteht er spontan und ohne nachzudenken, was der andere tut. Weil dieses Verstehen die Innenperspektive des Handelnden mit einschließt, beinhaltet es eine ganz andere Dimension als das, was eine intellektuelle oder mathematische Analyse des beobachteten Handlungsablaufs leisten könnte. Der im Simulator sitzende Beobachter sieht, wie sich das Flugzeug des realen Piloten einem Berg nähert. Da er die Innenperspektive miterlebt, versteht er spontan und intuitiv, warum der Pilot sein Flugzeug zum Beispiel plötzlich aufsteigen lässt oder abdreht.«[151] ◀

Dass sich das Beobachten von Handlungen anderer Personen insbesondere zur Entwicklung einer Handlungsvorstellung eignet,[152] ist naheliegend. Dies gilt auch für Handlungen, die dem Beobachter bisher noch nicht bekannt waren oder die er selbst noch nicht durchgeführt hat.

Um positiv auf die eigene Kompetenzüberzeugung einzuwirken, empfiehlt es sich zudem, Videos eigener erfolgreicher Handlungen zu betrachten. Nicht wenige Sportler bereiten sich auf wichtige Wettkämpfe vor, indem sie Videomaterial von ihren gelungenen Aktionen immer und immer wieder intensiv betrachten. Und auch Trainer lassen Videoaufzeichnungen von ihren Ansprachen machen, um zukünftig weiter an Souveränität zu gewinnen.

Schließlich kann die stellvertretende Erfahrung auch in der reinen Vorstellung ablaufen. Dann muss die beobachtete Person auch kein anderer sein, sondern man kann sich vorstellen, wie man selbst eine bevorstehende Anforderung erfolgreich bewältigt.

MENTALES TRAINING

Diese Technik des sogenannten Mentalen Trainings ist in der Sportpsychologie bewährt und theoretisch wie auch empirisch fundiert. Die positiven Wirkungen des Mentalen Trainings[153] auf die Kompetenzüberzeugung sind wissenschaftlich nachgewiesen.[154] Darüber hinaus hat es sich in vielen Anwendungsfeldern (über den Sport hinaus) bewährt, sodass es als disziplinübergreifendes Verfahren zur Lern- und Leistungssteigerung aufgefasst werden kann.[155] Das Mentale Training wird definiert als das planmäßig wiederholte und bewusste Sich-Vorstellen einer Handlung ohne deren gleichzeitige praktische Ausführung.[156] Es ist dabei auch als eine Art Simulation zu verstehen, die durchaus identisch mit der tatsächlichen Erfahrung sein kann, nur dass diese Erfahrung sich komplett in der Vorstellung abspielt. Wichtig beim Mentalen Training ist, eine optimale, differenzierte und intensive Vorstellung aufzubauen. Die Integration verschiedener Sinnesmodalitäten in die Vorstellung der zu trainierenden Handlung führt zu einer gesteigerten Effektivität des Mentalen Trainings. Ziel ist es, durch das intensive Vorstellen eines Handlungsablaufs die reale Durchführung positiv zu beeinflussen.

Vorstellungen sind im täglichen Leben so etwas wie Schablonen des Handelns. Von allen Gegebenheiten, die man bereits erlebt hat, besitzt man eine Vorstellung. Das beschriebene schnelle Denken nährt nicht nur Vorstellungen von Vergangenem, sondern liefert auch Assoziationen und Vorstellungen von Situationen und Gegebenheiten, die zukünftig bevorstehen. Diese Vorstellungen kann man auch als Prüf- und Führungsgröße des menschlichen Handelns verstehen.[157] Der Mensch versucht stets, sich entsprechend seiner Vorstellung zu verhalten. Gelingt dies nicht, erlebt er sich enttäuscht; er hat nicht den eigenen Vorstellungen entsprochen.

Es kann aber genauso passieren, dass man seine eigenen Vorstellungen übertrifft. Äußerungen wie »Das war viel besser, als ich gedacht habe!« weisen darauf hin. Wichtig für das Handeln in Situationen mit Leistungscharakter ist daher, eine entsprechend optimale und realistische Vorstellung des eigenen Handelns zu entwickeln. Durch das Erarbeiten von passenden Vorstellungen und das regelmäßige Training dieser Vorstellungen können die normalerweise automatischen Funktionen des schnellen Denkens verändert und programmiert werden.[158]

Die lern- und leistungssteigernde Wirkung des Mentalen Trainings ist in vielen Studien[159] bestätigt worden und gilt als wissenschaftlich erwiesen.[160] Die Frage nach den Wirkfaktoren, also danach, wie diese positiven Effekte zu erklären sind, konnte lange Zeit nur hypothetisch beantwortet werden. Erst in den letzten zehn Jahren hat sich – durch moderne bildgebende Verfahren wie beispielsweise die Funktionskernspintomografie – gezeigt, dass ein großer Bereich neuronaler Areale sowohl bei vorgestellter als auch praktisch durchgeführter Bewegung aktiviert ist.[161]

Es ist also für das Gehirn nahezu gleichbedeutend, ob man sich eine Handlung intensiv vorstellt oder sie tatsächlich praktisch durchführt – es lassen sich fast die gleichen neuronalen Muster erkennen. Man spricht auch von einer funktionalen Äquivalenz von vorgestellten und praktisch durchgeführten Handlungen.[162]

Wie beim Training anderer psychologischer Fertigkeiten wird man auch beim Mentalen Training feststellen, dass das Vorstellen der eigenen Handlung anfänglich nicht immer einwandfrei funktioniert. In der Praxis berichten Sportler und Trainer auch von fehlerhaften Vorstellungen, wenn beispielsweise die Vorstellung unvollständig ist, Lücken aufweist oder die Bewegung oder Handlung in der Vorstellung zu schnell, zu langsam oder gar rückwärts abläuft. Insofern muss auch beim Mentalen Training von einer Fertigkeit gesprochen werden, die sich im Laufe der Anwendung weiterentwickelt und perfektioniert. Die Entwicklung einer passenden Vorstellung ist eine wesentliche Voraussetzung für das Mentale Training. Denn auch das Mentale Training von fehlerhaften oder unzweckmäßigen Vorstellungen hat einen Trainingseffekt – allerdings einen negativen, weil hier die fehlerhaften oder unerwünschten Handlungsmuster trainiert werden.

Um eine passende Vorstellung zu erarbeiten oder zu entwickeln, müssen die abgespeicherten automatischen Abläufe bewusst gemacht werden. Außerdem müssen die situativen Gegebenheiten, in der die geforderte Handlung sich abspielen wird, antizipiert und die eventuell unterschiedlichen Rollenerwartungen mit den eigenen Vorstellungen zur Rolleninterpretation abgeglichen werden.

Hierzu bieten sich als Vorgehensweisen[163] sprachlich-symbolische, räumlich-bildhafte oder erlebensbezogene Ansätze an.

Bei sprachlich-symbolischen Ansätzen werden Vorstellungsinhalte in Stufenmodellen verbalisiert, schriftlich fixiert, auf wesentliche Punkte reduziert und dann dem Handlungsablauf angepasst.[164] Im außersportlichen Kontext spricht man hier auch von Drehbüchern.

Zunächst geht es darum, dass man sich den geforderten Handlungsablauf ins Gedächtnis ruft, ihn nachvollziehbar beschreibt und in Worte fasst. Hierbei ist die individuell optimale und situativ angemessene Beschreibung der Handlung relevant, denn ein und dieselbe Anforderung wird von verschiedenen Personen unter Umständen völlig unterschiedlich erlebt.

Auch ist zu berücksichtigen, dass in unterschiedlichen situativen Kontexten (zum Beispiel verschiedene Personenkreise) ein und dieselbe Handlung unter Umständen auch unterschiedlich aufgebaut und durchgeführt werden muss.

Es geht also nicht darum, eine »objektive« Beschreibung des Handlungsplans von außen zu erstellen, sondern das individuelle Erleben soll dabei im Mittelpunkt stehen. Ähnlich wie in den Drehbüchern bei Filmproduktionen: In Drehbüchern wird nicht nur festgehalten, was in welcher Szene getan oder gesagt werden muss, sondern auch auf welche Art und Weise, mit welcher emotionalen Tönung und Stimmung.

Das Drehbuch ist dann eine sinnvolle Grundlage des Mentalen Trainings, wenn Wissenslücken geschlossen, Fehler entfernt werden und alle bewusstseinsfähigen Anteile darin enthalten sind.[165] Zudem macht es Sinn, das Drehbuch um mögliche Eventualitäten, die auftreten könnten, zu ergänzen. Das Drehbuch enthält dann einen (optimalen) Handlungsablauf, nach dem man agiert, wenn alles ideal läuft (siehe Abb. 10), sowie Varianten, die die Handlungen vorgeben, falls Eventualität A, B, C etc. eintritt.

Der schriftlich skizzierte Handlungsplan (Drehbuch) sowie die alternativen Pläne, in denen das eigene Verhalten bei eintretenden Eventualitäten beschrieben ist, sollen im Anschluss mental durchgespielt werden.

Beim räumlich-bildhaften Ansatz wird versucht, mithilfe von Videoaufzeichnungen entsprechende Vorstellungen zu entwickeln. Grundlage des visuellen Ansatzes sind die bereits vorgestellten Erkenntnisse zu Spiegelneuronen.

Da sich die Möglichkeiten der Videoaufzeichung und Videoaufbereitung in den letzten zehn Jahren deutlich weiterentwickelt haben (jedes Smartphone ist heutzutage mit einer Videokamera ausgestattet), kann fast jederzeit und bei jeder Gelegenheit eine Videoaufzeichnung der eigenen Performance organisiert werden.

Beim erlebensbezogenen Ansatz wird versucht, durch die Erinnerung an bestimmte intensive Erfahrungen eine Handlungsvorstellung zu generieren, bei der vor allem Informationen des realen Erlebens einfließen. Der Mensch verfügt über die Fähigkeit, von seinen Erinnerungen und Emotionen Gebrauch zu machen, um seinem gegenwärtigen Verhalten eine Form zu geben.[166] So zeigt die Traumaforschung, dass ne-

INNEN – STUBE – TAG

GERDA sitzt auf dem Sofa und liest eine Illustrierte.
Ihr Mann Heinrich stürmt herein.

HEINRICH (wutentbrannt)
Hast du denn den Brief nicht bekommen?

Heinrich tritt zu Gerda und starrt sie wütend von oben herab an.

GERDA
Doch. Deine Kündigung. Was hast du denn getan?
(schreit) Was hast du getan?

Heinrichs Gesicht wird bleich.

ERZÄHLER (V.O.)
Gerda wusste nichts von Heinrichs Unfall.
Niemand wusste etwas.

AUSSEN – PARKPLATZ – TAG

Heinrich fährt mit seinem Auto aus seiner Parklücke.
Er übersieht die Limousine hinter ihm und rammt sie.

Der Fahrer steigt aus.

FAHRER (schreit)
Müller? Sind Sie wahnsinnig?

HEINRICH
Chef? Es tut mir leid.

Abb. 10: Beispiel für einen Handlungsplan

gative Erlebnisse und Erfahrungen das Verhalten eines Menschen in extremer Weise verändern können. Wenn negative Erinnerungen zu einer Reihe physiologischer Symptome und Vermeidungsreaktionen führen können, warum sollten positive Erinnerungen dann nicht für das Erlernen von Verhaltensweisen genutzt werden können?[167] Erinnerungen werden dabei als subjektive Konstruktionen aufgefasst, die einem fortlaufenden Veränderungsprozess unterliegen.

Das erinnernde Selbst irrt sich manchmal, aber es ist dasjenige, das bestimmt, was wir aus dem Leben lernen und mitnehmen. So kann es hilfreich sein, emotional positiv besetzte Erlebnisse als Ausgangspunkt zur Vorstellungsgenerierung zu nutzen.

Wird das Mentale Training zur Optimierung der Kompetenzüberzeugung eingesetzt, geht es dabei insbesondere darum, bestehende Vorstellungen von bestimmten Handlungen an verschiedene, für die individuelle Leistungsfähigkeit relevante situative Gegebenheiten anzupassen. So werden Sportler zum Beispiel dazu angeleitet, sich ein ganz bestimmtes Verhalten an einer bestimmten Wettkampfstätte und in einer ganz spezifischen Wettkampfsituation vorzustellen. Ein Rodler stellt sich beim Mentalen Training beispielsweise nicht nur seine optimale Körperlage auf dem Schlitten vor, sondern einen optimalen Lauf auf einer ganz bestimmten Bahn. Dabei werden auch Zuschauer, offizielle Wettkampfrichter, Gegner und bestimmte Wettkampfsituationen mit vorgestellt. Eine Boxerin stellt sich Phasen des Kampfes gegen eine ganz bestimmte Gegnerin vor; ein Abwehrspieler im Fußball sein Abwehrverhalten gegen einen ganz bestimmten Gegenspieler mit dessen Eigenarten und speziellen Tricks im Zweikampf.

In Anforderungssituationen für Führungskräfte kann Mentales Training außerdem hilfreich eingesetzt werden, indem Inhalte, rhetorische Elemente und emotionale Färbung der geforderten Handlung in der Vorstellung durchgespielt werden und damit auf die situative Passung hin geprüft werden können.

Viele Trainer stellen sich ihre Halbzeitansprache bei unterschiedlichem Spielstand vor und antizipieren so die Wirkung ihrer Worte auf die Mannschaft. Auf die Frage, was er mache, wenn er nervös sei, antwortete Bayern-Trainer Pep Guardiola: »Ich bleibe auf meinem Zimmer. Denke nach, was während des Spiels passieren kann. Versuche, mir Lösungen zu überlegen, wenn wir nicht gut spielen.«[168] Auf diese Art und Weise können durch Mentales Training auch schwierige oder unerwünschte Situationen und ein entsprechend optimales Verhalten wiederholt durchgespielt und trainiert werden. So werden beispielsweise Piloten angeleitet, eine durch Triebwerksausfall erzwungene Landung mental zu trainieren – auch wenn diese Situation äußerst unerwünscht ist.

▶ Story: Triebwerksausfall – mental trainiert[169]

Ein Flugkapitän der Lufthansa erzählt: »Ich möchte an dieser Stelle noch mal ganz konkret auf eine fliegerische Situation eingehen, die ich vor einiger Zeit erlebt habe, um die Hilfestellung und den Nutzen mentaler Vorberei tung verdeutlichen zu können: Ein Start in München, voll beladenes Flugzeug Richtung Palma de Mallorca. Wenige Minuten nach dem Abheben ist ein Triebwerk aufgrund von Ölverlust ausgefallen. In einer Fliegerkarriere tritt ein Triebwerksausfall, obwohl er sehr gut und häufig trainiert wird, extrem selten auf. Ich bin über 30 Jahre in der Fliegerei und habe es zum ersten Mal konkret erlebt. Im Moment, in dem man feststellt, dass ein Motor ausgefallen ist, werden die normalen Stressreaktionen freigesetzt, das heißt, man erlebt ganz bewusst, dass der Pulsschlag steigt, man hat kurz das Gefühl, dass einem die Luft wegbleibt. Jetzt muss man sich verlassen und zurückgreifen können auf das, was man vorher trainiert hat. Nun werden die Arbeitsschritte, die in vielen Sequenzen im Simulator und bei vielmaligem Training im Gehirn verankert wurden, aktiviert, und man kann sich selbst reden hören und stellt fest, dass, obwohl die Stressbelastung sehr hoch ist, die vorbereiteten Verhaltensmuster zügig und konsequent umgesetzt werden und dass der Arbeitsfortschritt in seinem Funktionieren auch für einen gewissen Grad der Entspannung und für ein gewisses Herunterfahren der Stressreaktion mitverantwortlich ist.

Für mich hat diese Art des Trainings eine besondere Bedeutung. Ich habe mir folgende Strategie zurechtgelegt: Ich brauche ungefähr eine Stunde, um mit der S-Bahn von zu Hause zum Flughafen zu fahren. In meinem Pilotenkoffer habe ich ein kleines Heft, in dem die ganzen ›Kochrezepte‹ für alle denkbaren abnormalen Situationen aufgelistet sind. Wenn ich nun in der S-Bahn sitze, hole ich mir dieses Heft heraus, schlage willkürlich eine Seite auf, zum Beispiel steht da: ›Ausfall des Landeklappensystems‹. Nun versuche ich, mir vorzustellen, dass genau dieses Problem bei diesem Flug auftritt. Ich klappe mein Heft wieder zu, versuche, mich mental in die 737 zu setzen, und stelle mir nun vor, wie eben bei diesem Flug das Problem ›Ausfall des Landeklappensystems‹ zu bewältigen ist.« ◀

Mentales Training hat hier das Ziel, Piloten auch auf mögliche Krisensituationen vorzubereiten. Sie müssen diese Situation auf hohem Stressniveau zuverlässig beherrschen. Je mehr Geschick man bei der Lösung einer schwierigen Aufgabe entwickelt, umso weniger Energie muss man für sie aufwenden. Gehirnscans von Versuchspersonen haben gezeigt, dass sich das mit der Handlung verbundene Aktivitätsmuster mit ansteigender Fertigkeit verändert, da weniger Gehirnregionen daran beteiligt sind.[170] Das schnelle, intuitive Denken übernimmt, und man kann sich gut darauf verlassen, da immenser Trainings- und Wiederholungsaufwand betrieben wurde. Es wird deutlich, dass sich Mentales Training anforderungsübergreifend dafür eignet, sich auf bevorstehende (eventuell auch kritische) Situationen vorzubereiten. Es lässt die Überzeugung wachsen, auch in widrigen oder herausfordernden Situationen bestehen und die geforderten Verhaltensweisen durchführen zu können. Diese bereits oben beschriebene und mehrfach auch in wissenschaftlichen Untersuchungen bestätigte Wirkung des Mentalen Trainings auf die Kompetenzüberzeugung ist wahrscheinlich auch ein Grund, warum es mittlerweile bei sehr vielen Sportlern wesentlicher Teil der Wettkampfvorbereitung ist. Vor dem Start gehen die Sportler die relevanten Bewegungs- und Handlungsabläufe in Gedanken durch und haben so die bevorstehende Anforderung in ihrer Vorstellung bereits erfolgreich bewältigt.

Genauso können Trainer oder Führungskräfte sich auf herausfordernde Situationen einstellen oder vorbereiten. Durch das mentale Durchspielen der eigenen, optimalen Handlung und möglichen Handlungsoptionen von bevorstehenden Anforderungssituationen entsteht Kompetenzüberzeugung: Die Person ist überzeugt davon, die bevorstehende Anforderung erfolgreich bewältigen zu können.

Fazit und Transfer: Auch Führungskräfte sollten Drehbücher von relevanten Anforderungssituationen (Verhandlungen, Besprechungen, Kritikgespräche, Vorträge etc.) entwerfen. Es gilt, das optimale Handeln und Verhalten in derartigen Situationen zu antizipieren und dann an Eventualitäten anzupassen. Das mehrfache mentale Durchspielen des eigenen Handelns hat zur Folge, dass man sich vorbereitet fühlt und in der Situation als souverän wahrgenommen wird.

SPRACHLICHE ÜBERZEUGUNG

Die dritte Quelle zum Aufbau einer Kompetenzüberzeugung ist die sprachliche Überzeugung. Adäquate sprachliche Informationen sollen gezielt positiv auf die Kompetenzüberzeugung wirken.

Bei der sprachlichen Überzeugung muss man prinzipiell unterscheiden zwischen externer Quelle, im Sport vor allem der Trainer, der für die Athleten sprachliche Überzeugung liefert, und interner Quelle, also das Selbstgespräch.

Gerade dann, wenn Höchstleistung gefordert ist, ist es wichtig, durch systematisch geführte Selbstgespräche die Überzeugung in die eigene Kompetenz zu unterstützen. Das Selbstgespräch ist die von Leistungssportlern am häufigsten eingesetzte kognitive Strategie – oft auch unbewusst. Ein Selbstgespräch, also das, was man zu sich selbst sagt, die »Stimme im Kopf«, kann gedanklich stattfinden und somit der Außenwelt verborgen bleiben (internal) oder laut und öffentlich vollzogen werden (external). Externale Selbstgespräche kommen vor allem in schwierigen und besonders herausfordernden Situationen vor. Selbstgespräche sind immer an die sprechende Person selbst gerichtet und dienen der Regulation und nicht – wie Gespräche zwischen zwei oder mehr Personen – der Kommunikation.

Der Macht dieser Selbstgespräche ist man sich meist gar nicht bewusst, sie laufen häufig unbewusst und damit unkontrolliert ab und werden durch Interpretationen und Assoziationen der Assoziationsmaschine (schnelles Denken) beeinflusst. Dabei nutzt das schnelle Denken alle Informationen, die in der Umwelt verfügbar sind, und gestaltet daraus Überzeugungen.

Auch unpassende und für die eigene Performance ungünstige Informationen, die von außen aufgeschnappt werden, verarbeitet das schnelle Denken, sodass das Selbstgespräch destruktiv werden kann. So kann zum Beispiel der gut gemeinte Austausch mit anderen vor einem wichtigen Ereignis unter Umständen sehr unangenehme Folgen haben und die Kompetenzüberzeugung beeinträchtigen.

▶ Story: Psychoterror unmittelbar vor dem Wettkampf

Zwei Skifahrerinnen aus derselben Nationalmannschaft stehen im Startraum (Skiabfahrtslauf in St. Moritz) und betrachten von oben das erste Steilstück des Rennens. Plötzlich schaut die eine zu der anderen rüber, stutzt, hält inne und fragt: »Hast du Angst? Du siehst so blass aus!«

Unmittelbar vor dem ersten Wettkampf bei den Europameisterschaften in der rhythmischen Sportgymnastik begrüßen sich zwei Turnerinnen. Die eine mustert die andere und fragt: »Warst du verletzt und konntest nicht richtig trainieren? Du hast so zugenommen!« Solche Kommentare können schnell zu destruktiven Selbstgesprächen führen: »Sie hat recht. Ich habe wirklich Angst. Ich fühle mich heute auch nicht so gut. Ich hoffe, ich verletze mich nicht.« ◀

An diesen Beispielen wird deutlich, dass es im Leistungssport eine wesentliche Fertigkeit und Kernkompetenz ist, situations- und anforderungsangemessen mit Selbstgesprächen umzugehen und diese aktiv zu steuern, anstatt unkontrollierbaren Umwelteinflüssen zu überlassen, womit man sich gedanklich gerade beschäftigt.

Im Training der Selbstgesprächsregulation geht es darum, diesen inneren Monolog gezielt (situations- und anforderungsgerecht) einzusetzen. Gerade in Anforderungssituationen beeinflussen Selbstgespräche die Konzentration und die Befindlichkeit von Sportlern.

SELBSTGESPRÄCHE ZUR OPTIMIERUNG DER KONZENTRATION

Konzentration ist ein Teilbereich der Aufmerksamkeit, die ihrerseits in verschiedene Aufmerksamkeitsstile unterteilt wird.[171] Sie kann nach außen oder nach innen und dabei eng oder weit gerichtet sein, das heißt, man kann seine Aufmerksamkeit fokussiert auf interne Zustände lenken, zum Beispiel auf ein bestimmtes Körpergefühl oder auch auf die allgemeine Befindlichkeit. Aufmerksamkeit kann aber auch auf personenexterne Zustände oder Dinge gelenkt werden – mit enger oder breiter Fokussierung. Ein Beispiel für einen engen externen Fokus wären Fußballspieler, die ihre Aufmerksamkeit auf den Ball lenken.

Konzentrieren sie sich hingegen auf Mitspieler und deren Stellung, ist ihr Fokus breit und extern ausgerichtet. Der situations- und anforderungsgerechte Wechsel der Fokussierung der Aufmerksamkeit ist im Spitzensport oft leistungsbestimmend.

Bei der Aufmerksamkeitssteuerung besteht die Herausforderung darin, sich auf das Wesentliche konzentrieren zu können. Das heißt, Konzentration hat etwas mit Willen und auch Anstrengung zu tun. Es passiert immer wieder, dass Athleten besonders in stressigen Situationen plötzlich Gedanken im Kopf haben, die sich um Konsequenzen, Selbstzweifel oder um das mögliche Scheitern drehen. Dann beschäftigen sich Leistungsträger in Anforderungssituationen nicht mehr mit dem, was gefordert ist – der Aufgabe und den nächsten Handlungsschritten –, sondern mit den Rahmenbedingungen oder Situationsparametern.

In solchen Momenten kommt es darauf an, die Aufmerksamkeit per Selbstgespräch aktiv von den irrelevanten und sich unter Umständen sogar destruktiv auswirkenden Rahmenbedingungen abzulenken und auf für den Moment hilfreiche und konstruktive Denkinhalte zu steuern. Denn in einer Situation, in der man optimale Leistung erbringen muss, sollte der Kopf die Handlung konsequent unterstützen und nicht stören.

Das Phänomen der springenden Gedanken, das Sportler in Wettkampfsituationen beschreiben, lässt sich auch anhand eines Zeitstrahls verdeutlichen (siehe Abb. 11). Wir leben im »Hier und Jetzt« und können nur auf den nächsten Moment Einfluss nehmen. Demnach sollten Sportler im entscheidenden Augenblick ihre Aufmerksamkeit auf das Wesentliche im Hier und Jetzt fokussieren können. Sie beschäftigen sich jedoch oftmals gerade im Wettkampf mit möglichen Szenarien in der Zukunft (zum Beispiel einem möglichen Scheitern) oder auch mit Ereignissen aus der Vergangenheit (zum Beispiel einem vorangegangenen Fehler). Die situativen Rahmenbedingungen sind dabei häufig ursächlich dafür, dass die Sportler den Fokus verlieren.

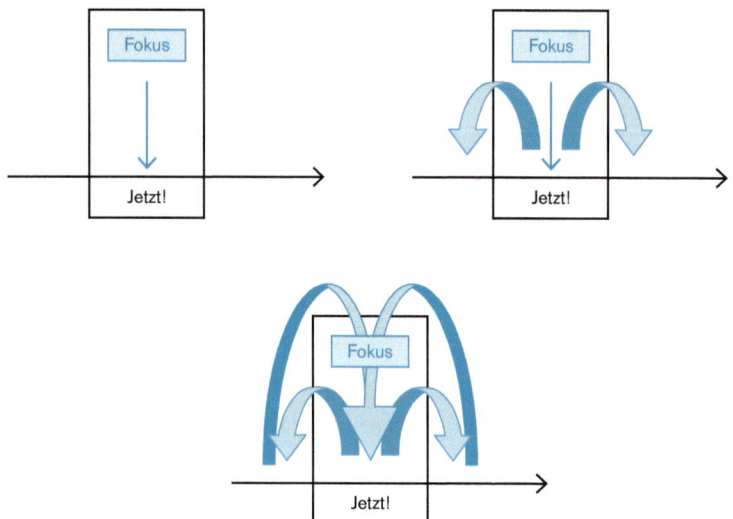

Abb. 11: Fokus

Zudem ist aus der Aufmerksamkeitsforschung bekannt, dass die zeitgleiche Beschäftigung mit mehreren Dingen (Multitasking) zwar in Teilen funktioniert, allerdings mit einer erheblichen Leistungseinbuße verbunden ist. Die Leistungsfähigkeit geht bereits dann deutlich zurück, wenn lediglich zwei einfache Aufgaben gleichzeitig zu bewältigen sind. Der Mensch kann mehrere Dinge gleichzeitig tun (zum Beispiel Auto fahren und telefonieren), allerdings immer nur auf einem mittleren Leistungsniveau. Es steht ihm nur ein begrenztes Aufmerksamkeitsbudget zur Verfügung, das auf verschiedene Aktivitäten verteilt werden kann. Das bedeutet, dass nur einfache und anspruchslose Dinge wirklich gleichzeitig erledigt werden können.

Sobald die Anforderung steigt und Leistung erfordert wird, kann man sich nur noch mit einer Sache beschäftigen. Wenn Sportler eine Handlung optimal – auf ihrem individuell höchsten Niveau – durchführen sollen, benötigen sie 100 Prozent ihrer Aufmerksamkeit für diese Handlung: höchste Konzentration. Das meint nicht, aktiv oder willentlich in die Bewegung einzugreifen, sondern wie beim Flow-Erlebnis ein totales Aufgehen in der Tätigkeit zu erreichen.

Ist das langsame Denken aktiviert (weil die Anforderung als besonders schwierig oder besonders wichtig eingeschätzt wird), können Selbstgespräche helfen, die Aufmerksamkeit auf handlungsunterstützende Elemente zu lenken.

Die konzentrationsfördernden Selbstgespräche sind individuell sehr unterschiedlich. Allgemein hat es sich als hilfreich erwiesen, Selbstgespräche positiv und handlungsorientiert zu formulieren: den Fokus auf den aktuellen Handlungsschritt zu richten und sich selbst im Selbstgespräch handlungsunterstützende Kommandos zu geben. Im Sport spricht man hier auch manchmal von den sogenannten »talentfreien Kleinigkeiten«, die im Wettkampf permanent umgesetzt werden müssen. Dies sind beispielsweise im Fußball Kleinigkeiten wie:

- Umschalten,
- taktische Disziplin,
- Vororientierung,
- Coaching.

Ganz allgemein könnte man das Prinzip konzentrationsfördernder Selbstgespräche auch als Prozessorientierung bezeichnen. In besonders herausfordernden Situationen bringt es nichts, wenn man sich mit dem Ergebnis und den Folgen beschäftigt – es schadet sogar.

In einem Interview berichtet Jupp Heynckes, wie er diese Prozessorientierung während eines Spiels praktiziert: »Ich habe in einem Spiel nie Angst, auch keine negativen Gedanken. Ich denke darüber nach, was ich zu tun habe. Wie kann ich wechseln, wo kann ich noch ein paar Prozent ›rauskitzeln‹? Ich bin dabei sehr kühl. Deshalb veranstalte ich an der Seitenlinie ja auch nie Theater.«[172]

Noch deutlicher wird dieses Prinzip, wenn man sich Sportarten oder Leistungssituationen vor Augen führt, bei denen Versagen mit drastischen Konsequenzen, wie Verletzung oder gar Tod, verbunden ist. Dazu gehört zum Beispiel das Free-Solo-Klettern. Free Solo heißt Klettern ohne Sicherung – ohne Seil, ohne Karabinerhaken. Alexander Huber, einer der bekanntesten Kletterer der Szene, ist für seine mentale Stärke beim Free-Solo-Klettern bekannt. Natürlich beschäftige er sich auch mit den möglichen (tödlichen) Folgen seines Sports. Dazu sagte er in einem Gespräch: »Vor jeder anspruchsvollen Free-Solo-Tour bin ich hin- und hergerissen. Ich bin überzeugt, dass ich es kann, aber mich überkommen auch schwarze Gedanken.« Damit müsse man aber umgehen können, meint er. Diese Gedanken beschäftigen ihn nicht mehr, wenn er an die Wand geht. »Alle Gedanken, die Ängste, die Sorgen sind für die Tage davor bestimmt. Wenn ich klettere, reduziert sich meine Welt auf die wenigen Quadratzentimeter des nächsten Griffs.«[173]

SELBSTGESPRÄCHE ZUR MODIFIKATION DER BEFINDLICHKEIT

Neben der Konzentration beeinflusst das Selbstgespräch auch massiv die eigene Befindlichkeit. Sie ist geprägt durch die eigene Einschätzung oder Bewertung der Wahrnehmung innerer oder äußerer Gegebenheiten, was sich im Erleben jedoch meist so darstellt, als würden die äußeren Gegebenheiten die Befindlichkeit bestimmen.

Das schlechte Wetter, die Platzverhältnisse, die Bälle, die Gegner, der Schiedsrichter, die Zuschauer, der Trainer »nerven« die Spieler und stören ihre Befindlichkeit. Prinzipiell kann die Umwelt aber gar nichts für die eigene Befindlichkeit. Die Umwelt wird lediglich wahrgenommen. Diese Wahrnehmung wird personenintern bewertet,[174] und zwar je nach persönlichen Ressourcen und abhängig davon, ob man sich der wahrgenommenen Situation oder Anforderung gewachsen fühlt oder nicht.

Wie wir bei der Beschreibung der Funktion des schnellen Denkens gesehen haben, ist diese Bewertung weder objektiv noch rational, kann aber dennoch einen immensen Einfluss auf den gesamten Menschen haben. Die kognitiven Bewertungen sind modifizierbar und trainierbar beziehungsweise abhängig von der jeweiligen Lerngeschichte und Vorerfahrung.

Ein Fußballspieler wird schwierige Witterungsverhältnisse beispielsweise je nach Vorerfahrung ganz unterschiedlich bewerten – entweder als Herausforderung: »Bei diesen Bedingungen kann uns keiner schlagen.« Oder als Bedrohung: »Hoffentlich verlieren wir nicht das Spiel, bei schönem und trockenem Wetter sind wir immer besser.« Leistungsträger müssen erkennen, dass destruktive Gedanken und Selbstgespräche die eigene Befindlichkeit erheblich stören und damit das eigene Leistungsvermögen gravierend beeinträchtigen können.

Das Bild vom halb vollen oder halb leeren Glas verdeutlicht dies: Objektiv betrachtet ist das Glas halb gefüllt – ob es halb voll oder halb leer ist, entscheidet die Person, die es betrachtet. Dies geschieht in der Regel allerdings nicht bewusst, sondern das schnelle Denken interpretiert und assoziiert unbewusst aufgrund stabiler Lernerfahrungen. Dieses Wissen kann man sich zunutze machen und das langsame Denken (den Verstand) aktivieren, um die von der Assoziationsmaschine vorgenommene Bewertung zu ändern – ein Vorgang, den man Reframing nennt.[175]

Ein Beispiel für Reframing stammt aus dem WM-Finale der Fußballweltmeisterschaft 1954, als Deutschland gegen die scheinbar absolut überlegenen Ungarn antreten musste und es plötzlich zu regnen begann. Die Umbewertung des einsetzenden Regens zum »Fritz-Walter-Wetter« ließ das ansonsten als Beeinträchtigung betrachtete Regenwetter zur Chance werden und ebnete den Weg zum Sieg.

Jürgen Klopp beschreibt die Schwierigkeit, nach bitteren Niederlagen in der Champions League wenige Tage später mit seiner Mannschaft wieder in der Bundesliga antreten zu müssen: »Wir haben in der Hinrunde zwischen dem Bayern- und dem Schalke-Spiel bei Arsenal ein richtiges Brett versetzt bekommen. Nach allem, was manche Zeitungen geschrieben haben, mussten wir ja froh sein, danach den Ausgang im Stadion gefunden zu haben. Das kann dich schon beeinflussen, wenn du es zulässt.«[176]

An diesem Beispiel wird deutlich, dass es letztlich eine Person selbst ist, die die Verantwortung dafür trägt, ob sie aufgrund von ungünstigen Rahmenbedingungen zulässt, dass unzweckmäßige Gedanken entstehen, oder ob sie aktiv und initiativ diese internen oder externen Gegebenheiten als Herausforderung einschätzen kann.

Zu den externen Gegebenheiten zählen zeitstabile Rahmenbedingungen wie zum Beispiel im Sport das Wetter, die Gegner, die Fans, das Stadion etc., aber auch situative Vorkommnisse wie Fehler, Rückstand oder Schiedsrichterentscheidungen. Zu den internen Gegebenheiten zählen zum Beispiel zeitstabile Faktoren wie Gesundheit, Fitness und körperliche Verfassung als auch momentane und variable Aspekte wie emotionale Zustände oder Kognitionen (Gedanken und Vorstellungen). Da es mühsam und anstrengend ist, das langsame Denken zu aktivieren, ist die Aufrechterhaltung einer adäquaten Befindlichkeit besonders auch in Situationen, in denen Ausdauer und Durchhalten gefordert sind, relevant. Es geht hier um die »individuelle Komfortzone«, die man verlassen muss, um die erforderlichen Verhaltensweisen aufrechtzuerhalten.

Beispiel Ausdauerlauf: Werden die ersten Minuten noch als angenehm und bewältigbar eingeschätzt, kommt früher oder später der Punkt, an dem »man nicht mehr kann« und die Trainingseinheit unangenehm wird.

Das Selbstgespräch wird in solchen Situationen ambivalent und springt zwischen den Handlungsalternativen »Weitermachen« und »Aufhören« hin und her. Freizeitsportler kennen dieses ambivalente Selbstgespräch: Man nimmt sich vor, auf dem im Wald angelegten Trimm-dich-Pfad fünf Runden zu laufen. Spätestens nach dem vierten Start-Ziel-Durchlauf sagt einem eine Stimme im Kopf: »Vier Runden sind auch nicht schlecht!« Das Selbstgespräch dreht sich ums Aufhören und Weitermachen. Letztlich kippt immer zuerst das Selbstgespräch, bevor man die Trainingseinheit vorzeitig beendet.

Es ist eine mentale Leistung (Aktivierung des langsamen Denkens), dieses ambivalente Selbstgespräch positiv – im Sinne der Handlungsfortführung – zu beeinflussen und die unzweckmäßigen »Stimmen im Kopf« zu ignorieren oder zu bekämpfen.

Ein ambivalentes Selbstgespräch findet aber nicht nur in sportlich anspruchsvollen Situationen statt, in denen es ums Durchhalten geht. In vielen Situationen, in denen Entscheidungen anstehen, die mit Durchhaltevermögen zu tun haben, erleben wir dieses ambivalente Selbstgespräch in unserem Kopf. Das kann der Vorsatz sein, Gewicht zu verlieren, nicht mehr zu rauchen oder auch einfach sehr früh am Morgen aufzustehen. Diesen Situationen ist die Tatsache gemeinsam, dass man sich am Rande oder bereits außerhalb der individuellen Komfortzone befindet. Man hat es immer wieder mit zwei konkurrierenden Stimmen im Kopf zu tun (das langsame Denken kämpft gegen das schnelle Denken). Häufig entscheiden wir letztlich nicht rational danach, was in der Situation zur Zielerreichung das Beste wäre, sondern emotional, um in unserer Komfortzone zu verbleiben (das schnelle Denken siegt!). Dazu noch einmal Jürgen Klopp: »Einen guten Tag hat jeder mal, das interessiert mich nicht. An einem schlechten Tag musst du können, dafür lebst du als Sportler, da musst du dich zur Wehr setzen. Wenn ich das Gefühl habe, heute war ein Sieg fast unmöglich, weil der Gegner einen guten Plan hatte oder wir waren schlecht drauf, und unsere Jungs haben eben diesen Tick an Leidenschaft mehr investiert und dadurch verdient gewonnen – da will ich hin.«[177]

Da die Befindlichkeit auch auf die intuitive, dem schnellen Denken zuzuordnende Leistungsfähigkeit von großem Einfluss ist, ist es vor anstehenden Leistungssituationen günstig, durch systematisch und kontrolliert geführte Selbstgespräche ein positives Gesamtbefinden aufzubauen und zuversichtlich an die Herausforderung heranzutreten. Dazu muss man sich im Vorfeld überlegen, welche Inhalte des Selbstgesprächs in welcher Situation den gewünschten Effekt auf die eigene Befindlichkeit ausüben können.

Das Training der Selbstgesprächsregulation soll erreichen, dass in potenziell stressreichen Momenten unterstützende Gedanken ablaufen und die negativen Gedanken keine Chance haben. Leistungsträger beschreiben dazu – entweder aus der erlebten eigenen Vergangenheit oder auch aus der freien Vorstellung heraus – Situationen, in denen sie Schwierigkeiten hatten oder es ihnen nicht gelang, eine leistungsförderliche Befindlichkeit oder Konzentration aufrechtzuerhalten. In einem nächsten Schritt sollen sie für sich festlegen, welche Denkinhalte sie per Selbstgespräch in der jeweiligen Situation systematisch thematisieren sollten.

Beispielsituation Tennis: Eine Tennisspielerin spielt gegen eine schwächere Gegnerin. Ihre Erwartung und die ihres Umfelds ist ein deutlicher Sieg. Sie hat den ersten Satz 4:6 verloren, im entscheidenden Satz liegt sie bei 3:4 und eigenem Aufschlag 0:30 zurück. Jetzt passiert ihr ein Doppelfehler zum 0:40. Mit der Tennisspielerin wird besprochen, welche Selbstgespräche in dieser Situation für sie hilfreich sind.

Beispielsituation Fußball: Ein Stürmer muss beim entscheidenden Elfmeterschießen im Halbfinale der Weltmeisterschaft zum Schuss antreten. Im Spiel zuvor hat er einen Strafstoß nicht verwandeln können. Mit dem Fußballspieler wird besprochen, welche Selbstgespräche für ihn in dieser Situation hilfreich sind.

Viele Sportler fühlen sich in vergleichbaren Situationen nicht wohl. Ein mögliches Scheitern und die drohende Niederlage lenken die Gedanken auf mögliche Konsequenzen – was die gestörte Befindlichkeit und Konzentration noch weiter beeinträchtigt und sich negativ auf die Kompetenzüberzeugung auswirkt.

Ziel ist es hier, individuell passende und konstruktive Selbstgespräche zu formulieren und diese auch in vergleichbaren Situationen einzusetzen. Eventuell bietet es sich auch an, mögliche unangenehme Situationen vorab zu simulieren.

Das Training der Selbstgesprächsregulation wird letztlich nicht verhindern können, dass man auch weiterhin vor oder während Anforderungssituationen unzweckmäßige Selbstgespräche führt. Es sollte jedoch zumindest für negative Selbstgespräche sensibilisieren und helfen, sie rechtzeitig zu erkennen und adäquat gegenzusteuern.

Um Sportlern zu helfen, auf unzweckmäßige Selbstgespräche rechtzeitig zu reagieren, werden bisweilen kleine Erinnerungshilfen eingesetzt, wie beispielsweise folgender Ablaufplan für Tennisspieler beim Seitenwechsel: Hinsetzen – Abtrocknen – Trinken – Systemcheck (Konzentration und Befindlichkeit okay?) – Schlägerseiten richten.

Das Selbstgespräch kann durchaus auch von außen (durch andere Personen) positiv beeinflusst werden. Dies geschieht zum Beispiel, wenn Athleten beim Wettkampf von Fans angefeuert werden. Doch sobald die Einflussnahme über schlichtes Anfeuern hinausgeht, ist es unbedingt erforderlich, die andere Person und ihre Selbstgespräche sehr gut zu kennen.

Fazit und Transfer: Führungskräfte sollten sich ihrer Selbstgespräche stets bewusst sein. Eine leistungsorientierte Führungskraft kann es nicht dem Zufall oder der Situation überlassen, ob sich (zufällig) ein hilfreiches Selbstgespräch einstellt oder eben nicht. Sie fühlen sich verantwortlich für das, was in ihrem Kopf abläuft – insbesondere in wichtigen, herausfordernden Anforderungssituationen. Um das Selbstgespräch positiv zu beeinflussen, muss zunächst sensibel darauf geachtet werden, wie man in bestimmten Situationen mit sich selbst spricht. Gezielt diese Selbstgespräche aktiv zu modifizieren, für sich in Anforderungssituationen hilfreiche Selbstgespräche auszumachen und gezielt einzusetzen ist eine Fertigkeit, die trainiert werden muss.

ANGEMESSENE AKTIVIERTHEIT

Anforderungssituationen rufen in der Regel Aktivierungszustände hervor, die einen informativen Wert in Bezug auf die persönliche Kompetenz haben können. Als Aktivierungsregulierung bezeichnet man demnach die Fertigkeit, Spannungs- und Entspannungszustände anforderungsgerecht regulieren zu können.

Ein für die aktuelle Anforderung als unpassend erlebter Aktivierungszustand schwächt die Kompetenzüberzeugung: Man fühlt sich – im Falle der zu hohen Aktivierung – zittrig und übermäßig nervös oder – im Falle der zu niedrigen Aktivierung – träge und müde.

Das Yerkes-Dodson-Gesetz[178] besagt, dass zu jeder Leistungsanforderung ein optimales Aktivierungsniveau passt und demnach auch für jede Leistungsanforderung ein Zuviel oder ein Zuwenig an Aktivierung zu vermeiden ist (siehe Abb. 12). Beispielsweise hat eine Boxerin im Kampf ein anderes ideales Aktivierungsniveau als eine Sportgewehrschützin beim Liegendanschlag.

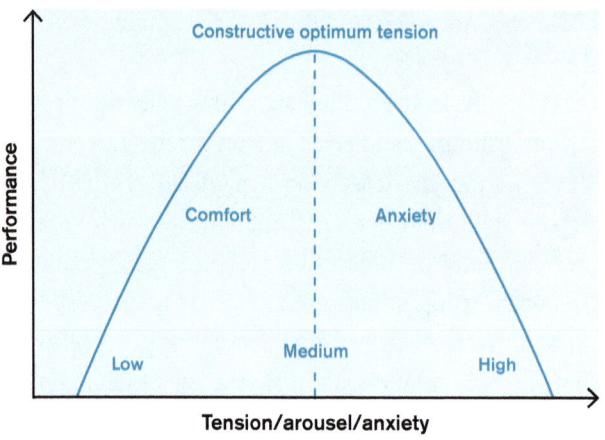

Abb. 12: Yerkes-Dodson-Gesetz

Zusätzlich unterscheidet sich das optimale Anspannungsniveau auch zwischen Individuen. Manche Sportler brauchen etwas mehr Anspannung, andere etwas weniger, um ihre optimale Leistung abrufen zu können. Das bedeutet: Leistungsorientierte Personen sollten in der Lage sein, ihr optimales Aktivierungsniveau durch systematische und zielgerichtete Entspannung oder Mobilisierung selbstständig herzustellen. So gibt es für die entscheidende Ansprache des Trainers vor dem Team einen Bereich der optimalen Anspannung. Diesen Bereich muss man kennen und durch den Einsatz von systematischen Strategien aktiv ansteuern können.

Es geht nicht darum, immer möglichst entspannt zu sein. Ein gewisses Maß an Stress ist leistungsförderlich. Das Grundprinzip der Aktivierung unter beanspruchenden Anforderungen lässt sich am Modell zur körperlichen Stressreaktion (allgemeines Adaptationsmodell)[179] verdeutlichen.

Bei Stress wird immer ein physiologisch höchst komplexer dreistufiger Reaktionsmechanismus hervorgerufen (siehe Abb. 13), bei dem die Körperfunktionen wie bei einer Kampf- oder Fluchtreaktion ablaufen. Der Sinn der Stressreaktion ist die Lebenserhaltung durch einen reflexartigen Angriffs- und Fluchtmechanismus. Dieser Mechanismus ist

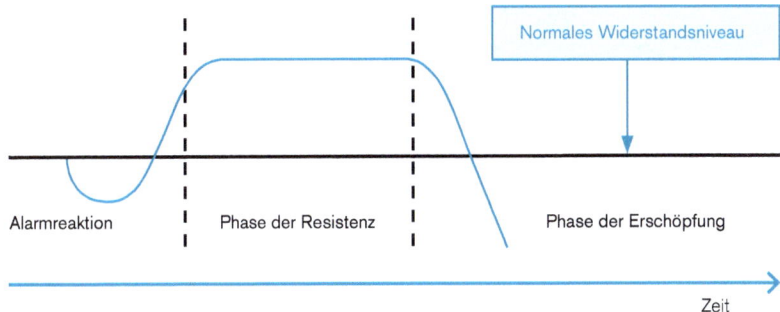

Abb. 13: Stressmodell (allgemeines Adaptationsmodell) nach
Hans Selye

genetisch festgelegt und ermöglicht es dem Organismus, in Gefah-
rensituationen sekundenschnell Energiereserven zu mobilisieren.
Das Modell geht von einem normalen Widerstandsniveau – dem normalen Aktivierungsgrad einer Person ohne Stress – aus, das bei der
Wahrnehmung von Stressoren (zum Beispiel Bedrohung oder Gefahr)
ansteigt: Der Organismus wird mobilisiert. Man stelle sich einen Höh-
lenmenschen vor, der durch das Gelände streift. Plötzlich taucht hinter einem Busch ein Tiger auf. Was passiert? Zunächst setzt eine kurze
Schreckphase – die sogenannte Alarmreaktion – ein: Sympathikus-
aktivierung[180] und entsprechende Hormonausschüttung (unter anderem Adrenalin) sorgen für die entsprechenden körperlichen Reaktionen wie Anstieg des Herzschlags, Blutdrucks etc. (siehe Abb. 14).
Der Körper ist jetzt mobilisiert und widerstandsfähig. Der Höhlenmensch rennt davon, und zwar so schnell, wie er nur kann. Damit
beginnt die Widerstandsphase: Das Widerstandsniveau steigt deutlich über das Normalniveau an. Der Organismus ist mobilisiert, um
der Gefahr zu begegnen und sie zu bewältigen oder vor ihr zu fliehen.
Kurz: Akuter Stress macht den Menschen leistungsfähig.
Problematisch ist allerdings, dass diese Phase (je nach individueller
Konstitution) nur begrenzt lange aufrechterhalten werden kann. Irgendwann wird der Höhlenmensch nicht mehr ganz so schnell laufen
können und langsamer werden. Das Erschöpfungsstadium setzt ein:

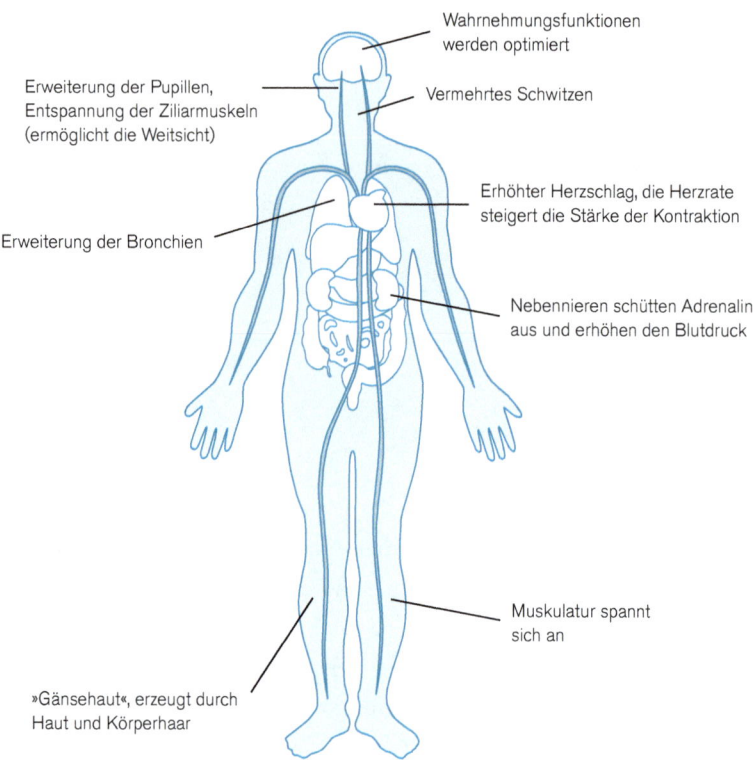

Wahrnehmungsfunktionen
werden optimiert

Erweiterung der Pupillen,
Entspannung der Ziliarmuskeln
(ermöglicht die Weitsicht)

Vermehrtes Schwitzen

Erhöhter Herzschlag, die Herzrate
steigert die Stärke der Kontraktion

Erweiterung der Bronchien

Nebennieren schütten Adrenalin
aus und erhöhen den Blutdruck

Muskulatur spannt
sich an

»Gänsehaut«, erzeugt durch
Haut und Körperhaar

Abb. 14: Körperliche Reaktionen auf Stress

Wenn die Einwirkung des gleichen Stressors, an den sich der Organismus angepasst hat, über längere Zeit anhält, erschöpft sich schließlich die Anpassungsenergie. Negative gesundheitliche Folgen von Dauerstress sind wahrscheinlich. So wird chronischer Stress auch mit fast allen Zivilisationskrankheiten in Verbindung gebracht.[181]

Das Modell bedeutet für Leistungsträger:

1. Wenn vor der Anforderungssituation körperliche Stressreaktionen spürbar sind, ist das gut so und wünschenswert. Der Körper wird mobilisiert, er ist leistungsfähig und bereit für die Anforderung. Es ist nur zu beachten, dass diese Mobilisierung unmittelbar vor der

Anforderungssituation und nicht schon Stunden zuvor geschieht. Zudem sollte das Aktivitätsniveau zur anstehenden Anforderung passen.

2. Weil das erhöhte Widerstandsniveau nur begrenzt aufrechtzuerhalten ist, sollten systematisch Pausen eingestreut und als kleine Regenerationsphasen genutzt werden. Außerdem ist nach der Stressphase mit entsprechenden Regenerationsmaßnahmen eine ausreichende körperliche und mentale Erholung sicherzustellen.

Der Organismus reagiert auf Stress immer auf die gleiche Art und Weise.[182] Es gibt sehr unterschiedliche Stressoren, aber es gibt nur eine Form der Stressreaktion. Stress ist demnach eine unspezifische Reaktion des Organismus auf beanspruchende Anforderungen. Das bedeutet: Akuter Stress ist durchaus leistungsförderlich und nützlich, chronischer Stress ist schädlich und der Leistung eher abträglich. Interessanterweise hat Selye dieses allgemeine Adaptationsmodell auch am Beispiel des sozialen Stresses im Tierversuch experimentell zeigen können.

▶ *Experiment: Sozialer Stress*[183]

Tupajas (Spitzhörnchen) sind tagaktive Säugetiere. Sie leben als Paare in Territorien, die sie heftig gegen Fremde verteidigen. Setzt man ein fremdes Tupaja-Männchen zu einem solchen Paar in einen gemeinsamen Käfig, kommt es zu heftigen Kämpfen, die mit der Unterwerfung des Unterlegenen enden. Damit beendet der Sieger seine Attacken und schenkt dem Verlierer kaum noch Beachtung. Der Unterlegene verkriecht sich in ein Versteck, das er nur noch zum hastigen Fressen und Trinken verlässt. Auch wenn es keine weiteren Kämpfe zwischen den Tieren gibt, zeigen sich beim Unterlegenen deutliche körperliche Symptome: Er verliert täglich bis zu zehn Prozent seines Gewichts, putzt sich nicht mehr, wird apathisch und stirbt innerhalb von wenigen Tagen. Die Todesursachen stehen nicht mit der körperlichen Anstrengung beim Kampf oder mit Verwundungen im Zusammenhang. Einzig die permanente Anwesenheit des Siegers führt zum Tod des Unterlegenen.

Trennt man die Tiere nach dem Kampf durch eine undurchsichtige Trenn-
wand, erholt sich der Verlierer schnell vom Kampf und bleibt am Leben.
Trennt man sie jedoch nur durch eine Gitterwand, sodass der Verlierer zwar
nicht mehr attackiert werden kann, den Sieger jedoch ständig wahrnimmt,
stirbt er innerhalb von ein bis zwei Wochen. ◀

Eines der grundlegendsten Prinzipien der Trainingslehre besagt, dass
ein trainingswirksamer Reiz nur dann seinen Effekt hinsichtlich einer Leistungssteigerung erreicht, wenn zwischen Trainingsreiz und
erneutem Reiz eine angemessene Pause (Regeneration) liegt. Ist die
Pause zu kurz, droht ein Übertraining. Ist die Pause zu lang, verpufft
der Effekt des Trainings. Im Spitzensport nennt man das Belastungssteuerung: Trainings- und Wettkampfbelastungen werden so mit Re-
generations- und Ruhephasen verbunden, dass die Sportler maximal
leistungsfähig bleiben und sogar ein Leistungszuwachs stattfinden
kann.

Genau nach dem gleichen Prinzip gilt es auch mit den psychischen Re-
serven im Alltag sorgsam umzugehen. Der Wechsel zwischen Anspannung und Entspannung ist wichtig, um den steigenden Anforderungen
in unserer Leistungsgesellschaft gerecht werden zu können. Es geht also
darum, die Leistungsfähigkeit für kognitiv beanspruchende Tätigkeiten
genauso aufrechtzuerhalten, wie es für die körperlichen Tätigkeiten
mittels Regeneration getan wird.

Insbesondere kognitiv anspruchsvolle Aktivitäten, die hohe Anforderungen an unseren Verstand (langsames Denken) stellen, erfordern
Selbstkontrolle. Die Ausübung von Selbstkontrolle ist erschöpfend und
unangenehm. Man merkt dies im Alltag gelegentlich auch daran, dass
Personen sehr viel emotionaler (zum Beispiel aggressiver) reagieren,
wenn ihre Fähigkeit zu anstrengender willentlicher Kontrolle beeinträchtigt ist (zum Beispiel wenn sie genervt, müde oder hungrig sind).
Genauso gibt es Nachweise dafür, dass sich Menschen eher von in-
haltsleeren, überredenden Botschaften und Informationen (wie etwa
Werbespots) beeinflussen lassen, wenn sie müde und kognitiv erschöpft
sind. Dementsprechend ist auch die Anfälligkeit für kognitive Täu-

schungen (Rückschaufehler, Erkenntnis-Illusion oder auch Halo-Effekt) im ermüdeten oder erschöpften Zustand deutlich höher als in einem regenerierten und ausgeruhten Zustand.

Insofern ist es wichtig – auch im Sinne der Unterstützung der Kompetenzüberzeugung –, den situationsangemessenen Wechsel von Anspannung (angemessen mobilisiert sein, wenn es darauf ankommt) und Entspannung (Regeneration und Erholung) als eine Fertigkeit aufzufassen. Ein erster Schritt in diese Richtung besteht darin, Phasen im Tages- und Wochenablauf festzulegen, an denen Mobilisierung nötig ist (Wann ist mein Wettkampf?) und an denen Entspannung erfolgen muss (Wann ist Zeit für eine Pause?). Hat man einen langen Arbeitstag und um 19 Uhr noch ein wichtiges Team-Meeting, dann sollte man vor dem Meeting eine kurze, aber intensive Entspannungsphase einplanen.

Joachim Löw berichtet in einem Interview, dass er erst durch regelmäßige Pausen seine Arbeitszeit effektiver nutzen konnte: »Vielleicht habe ich früher den Fehler gemacht, dass ich manchmal zuhause zehn Stunden im Büro saß. Dort war ich aber ständig abgelenkt durch Telefon, E-Mails und so weiter. Da fällt es einem schwer, richtig gute Gedanken zu finden, wieder mal ein bisschen visionär zu sein. Irgendwann habe ich mir gesagt, wenn ich zuhause bin, dann mache ich alles aus und arbeite vier, fünf Stunden sehr konzentriert. Danach gehe ich einen Kaffee trinken oder ein bisschen Fußball spielen.«[184]

Der Pionier der angewandten Sportpsychologie in Deutschland, Hans Eberspächer, nennt diese Entspannungsphasen auch Erholungsschleusen.[185] Schleusen sind bewusst erlebte Situationen, die zum Beispiel dabei helfen, sich zwischen zwei anstrengenden Erlebnissen oder nach einer besonders schwierigen Situation zu erholen. Schleusen können helfen, das eigene Handeln wieder in den Griff zu bekommen. Die bewusste Zeit, die man sich nach einer anstrengenden Situation nimmt, kann auch als eine Art Puffer dienen, der Nachwirkungen von zum Beispiel großem Ärger abschwächt.

Um Erholungsphasen möglichst effektiv zu gestalten, sind verschiedene Verfahren entwickelt worden, die entweder als sensorische Stimulation körperbezogen wirken, wie zum Beispiel die Progressive Muskelentspannung und Atementspannung, oder als kognitive Stimulation vorstellungsbezogen zur Wirkung kommen, wie zum Beispiel das Autogene Training.[186]

AKTIVIERUNG STEUERN: ATEMENTSPANNUNG

Die Tatsache, dass Techniken der Atementspannung häufig angewendet werden, hat mehrere Gründe:

- Sie sind leicht zu erlernen.
- Sie sind variabel anwendbar und beinahe überall trainierbar.
- Die Tiefe der Entspannung ist leicht regulierbar (wichtig insbesondere in Stresssituationen und in kurzen Pausen, um nicht in einen zu tiefen Entspannungszustand zu geraten).

Ganz allgemein wird der spannungslösende Effekt der Atementspannung durch eine tiefe Bauchatmung – verbunden mit Konzentration auf eine langsame Ausatmung – erreicht.

AKTIVIERUNG STEUERN: PROGRESSIVE MUSKELRELAXATION NACH JACOBSON[187]

Unter der Vielzahl der Muskelentspannungstechniken sind Formen der Progressiven Muskelrelaxation (PMR) am weitesten entwickelt und wissenschaftlich am besten fundiert. Das Prinzip der Übungen besteht darin, das Gefühl der Muskelentspannung durch vorausgehende Anspannung einzelner Gruppen der Willkürmuskulatur zu verstärken. Dafür wird die Übertragung der Änderung des Muskeltonus von einer Muskelgruppe auf die nächste ausgenutzt. Die Schritt-für-Schritt-Entspannung einzelner Muskelgruppen führt letztlich zu einer ganzkörperlichen und mentalen Entspannung.

Der Einsatz der PMR eignet sich besonders zur Einleitung von Erholungs- und Regenerationsprozessen. Das Verfahren wird auch von Sportlern akzeptiert und gern eingesetzt.[188]

AKTIVIERUNG STEUERN: AUTOGENES TRAINING

Autogenes Training wird heute in verschiedenen Varianten angeboten. Prinzipiell nutzt man intensive Vorstellungen, die zu physiologischen Anpassungsreaktionen führen sollen. Beim Autogenen Training werden zum Beispiel Vorstellungen von Wärme und Schwere und ihre entspannende Wirkung auf den Körper genutzt. Es kann erfolgreich zur Regenerationsförderung eingesetzt werden, wird allerdings (im Sport) auch kritisch gesehen, insbesondere wegen des eher langwierigen Lernprozesses.

Doch auch ohne das Erlernen spezieller Entspannungsverfahren kann man die Aktivierung gezielt regulieren. Drei Ansatzpunkte sind hierbei von Bedeutung:[189]

1. *Verhalten:* Wenn man sich entspannen möchte, verhält man sich ruhig. Das heißt, man sollte liegen, sich hinsetzen oder langsam gehen.
2. *Umwelt:* Zur Entspannung sollte man eine ruhige Umgebung aufsuchen, also sicherstellen, dass man nicht gestört wird. Unkontrollierte Außeneinflüsse und Lärm oder Hektik sollten zugunsten einer reizarmen Umgebung gemieden werden.
3. *Wahrnehmung:* Am wichtigsten ist es, Kontrolle über die Wahrnehmung zu bekommen. Es ist möglich, die Augen zu schließen oder ein vorab installiertes Ruhebild (zum Beispiel eine schöne Fotografie aus dem letzten Urlaub) zu betrachten. Auch das Hören von Musik (über Kopfhörer) ist eine sehr gute Entspannungsmethode. Die Musik sollte allerdings ruhig sein, das heißt weniger als 60 BPM (Beats per Minute) aufweisen. Der Organismus (Herzschlag) passt sich tendenziell nach einiger Zeit diesen BPM an.

▶ *Story: Skispringer*

Ein Skispringer wurde zur Optimierung seiner Wettkampfvorbereitung mit verschiedenen Methoden der Entspannung konfrontiert. Letztlich empfahl man ihm, vor dem Wettkampf die Zeit mit entsprechender Musik (ein paar Stücke zur Entspannung, dann ein paar Stücke, um in Wettkampfstimmung zu kommen) zu überbrücken. Er probierte es aus – kam aber zu dem Schluss, dass Musik vor dem Wettkampf nicht sein Ding sei. Dennoch berichtete er mit leuchtenden Augen: »Aber die Kopfhörer sind klasse – wenn ich die aufhab, redet mich keiner an!« Von diesem Moment an war er bei jedem Weltcup mit Kopfhörern auf den Ohren zu sehen. Dass jedoch gar keine Musik abgespielt wurde, wussten die wenigsten. ◀

Fazit und Transfer: Die Führungskraft kann nur dann transformational führen, wenn durch Regeneration ein entsprechend ausgeruhter und frischer mentaler Zustand aktiv hergestellt wurde. Es wurde deutlich, dass in vielen Anforderungssituationen anstrengendes, langsames Denken der Führungskraft vonnöten ist, um Wahrnehmungsverzerrungen und kognitive Täuschungen zu erkennen und aktiv zu umgehen. Langsames Denken erfordert Energie. Durch entsprechende Pausengestaltung und aktive Regeneration (Entspannungsverfahren) muss die Führungskraft entsprechende Voraussetzungen schaffen. Zusammenfassend bleibt festzuhalten, dass die Ausbildung und Veränderung der eigenen Kompetenzüberzeugungen wesentliche Voraussetzung ist, um transformational führen zu können. Der Aufbau von Kompetenzüberzeugung geschieht situationsspezifisch vor dem Hintergrund eigener und stellvertretender Verhaltenserfahrungen, durch verbale Informationen (Selbstgespräche) sowie das Einstellen eines adäquaten Aktivierungszustandes. Leistungsorientierte Personen nutzen diese verschiedenen Informationsquellen bewusst, um eine situationsspezifische Kompetenzüberzeugung aufzubauen und dann vor allem zu stabilisieren.

7 DU: DIE KOMPETENZ- ÜBERZEUGUNG ANDERER ENTWICKELN UND STABILISIEREN

»Ich bin da, um den Spielern zu helfen«, erklärte der spanische Fuß-ballnationaltrainer Vicente del Bosque 2012, womit er das Kernthema dieses Kapitels auf den Punkt bringt.[190]

Auch Pep Guardiola fasst seinen Job ganz ähnlich auf: »Das Wichtigste ist nicht, wie gut ich bin. Das Wichtigste ist, wie ich meine Ideen vermittle. Ich mag es, meine Spieler zu überzeugen, sie zu unterstützen in ihren Qualitäten. Das ist mein Ziel, deswegen bin ich hier.«[191]

Und sein Kollege Jürgen Klopp meint: »Ich habe null Komma null Tendenzen, meinen Einfluss auf die Geschichte zu überschätzen. Ich empfinde es als meine Aufgabe, den Jungs den Raum zu geben, sich entfalten zu können, und für eine Atmosphäre zu sorgen, in der sich Leistungsbereitschaft lohnt.«[192]

Trainer, die transformational führen, sehen ihre Aufgabe darin, passende Rahmenbedingungen zu gestalten, die zur Entwicklung und Stabilisierung der Kompetenzüberzeugung ihrer Sportler beitragen. Gleiches gilt auch in einem Unternehmen zwischen Führungskraft und Mitarbeitern.

ERFOLGREICHE PRAXIS IN VIVO

Zur Entwicklung und nachhaltigen Festigung von Kompetenzüberzeugung ist primär regelmäßiger Erfolg wichtig, den man mit sich und seiner Leistungsfähigkeit in Verbindung bringen kann. Wie wir bereits gesehen haben, bezieht sich Kompetenzüberzeugung auf die subjektive Verfügbarkeit von Handlungsoptionen, unabhängig von den objektiven Handlungsressourcen.

Wenn Sportler oder Mitarbeiter kritische Situationen erfolgreich bewältigen, hat dies also nicht zwangsläufig zur Folge, dass ihre Kompetenzüberzeugung bestätigt oder gestärkt wird. Das hängt vielmehr davon ab, wie sie ihre Handlungsergebnisse interpretieren, welche Ursachen sie ihnen zuschreiben.[193] Dass die eigene Leistung mit eigenen Fähigkeiten oder Fertigkeiten in Verbindung gebracht wird, ist keinesfalls selbstverständlich: Aus der Theorie der Leistungsmotivation ist das Phänomen der unzweckmäßigen Ursachenzuschreibung bekannt.[194]

Generell werden zwei Typen des Leistungsmotivs unterschieden: »Hoffnung auf Erfolg« und »Furcht vor Misserfolg«. Auch unter Sportlern lassen sich im Verhalten Muster der Motivausprägung »Furcht vor Misserfolg« erkennen. Solche Personen zeichnen sich dadurch aus, dass sie

- zu leichte oder zu schwere Aufgaben wählen,
- Misserfolg mit der eigenen Fähigkeit in Verbindung bringen und
- Erfolg mit Glück oder einfacher Aufgabenstellung erklären.

Daraus ergeben sich relativ stabile, aber negative Selbstbewertungstendenzen. Personen mit einer starken Ausprägung des Motivs »Hoffnung auf Erfolg« zeichnen sich dagegen dadurch aus, dass sie

- eine realistische Aufgabenauswahl vornehmen,
- Erfolg den eigenen Fähigkeiten zuschreiben und
- Misserfolg auf Pech oder auf eine schwierige Aufgabenstellung zurückführen.

Hier dominiert eine stabile positive Selbstbewertungstendenz. Selbstbewertungstendenzen wirken sich unter anderem auf die Überzeugung der eigenen Kompetenz in der spezifischen Leistungssituation aus (siehe Kapitel 6). Das bedeutet, dass sich Personen mit ausgeprägter Kompetenzüberzeugung auch eher durch ein erfolgsorientiertes Leistungsmotiv (Hoffnung auf Erfolg) auszeichnen.[195] Um die Ausbildung von Kompetenzüberzeugung positiv zu beeinflussen, sollten einer zu führenden Person daher Aufgaben gegeben werden, die sie mit einem gewissen Maß an Anstrengung erfolgreich bewältigen kann. Aus dem Boxsport gibt es den Begriff des »Aufbaugegners«. Dieser hat den Zweck, dem Boxer Erfolg und damit Selbstbewusstsein und Kompetenzüberzeugung zu verschaffen. Damit das gelingt, muss der Aufbaugegner zwar als Gegner betrachtet werden, sportlich aber dennoch etwas unterlegen sein. Ein solcher Gegner wird gezielt ausgesucht, zum Beispiel im Rahmen einer Vorbereitung auf einen Weltmeisterschaftskampf. Dadurch soll der Favorit regelrecht psychisch (und physisch) aufgebaut werden. Eine Niederlage ist zwar prinzipiell möglich, aber äußerst selten.

Darüber hinaus sollte im Rahmen gemeinsamer Analysen und Reflexionen sichergestellt werden, dass der erreichte Erfolg auch mit den eigenen Fähigkeiten in Verbindung gebracht wird. Hierfür sensibilisierte Trainer setzen ihre Athleten in Anforderungssituationen ein, in denen sie bereits erfolgreich agiert haben, und sorgen dafür, dass die Sportler dann erzielte Erfolge auch mit den eigenen Fähigkeiten in Verbindung bringen.

ERFOLGREICHE PRAXIS IN SENSU

Zum Aufbau von Kompetenzüberzeugung eignet sich – wie im vorangegangenen Kapitel dargestellt – auch das Mentale Training. Wichtig ist hierbei, vor dem eigentlichen Mentalen Training sicherzustellen, dass die Sportler passende und situationsangemessene Vorstellungsinhalte entwickelt und auch verfügbar haben. Es reicht nicht aus, wenn Trainer ihre Sportler lediglich dazu auffordern, sich bestimmte Handlungsabläufe intensiv vorzustellen. Denn häufig haben diese fehlerhafte oder unrealistische Vorstellungen von den geforderten Abläufen gespeichert, was unter anderem damit zusammenhängt, dass zwischen einem Erlebnis und der Erinnerung daran ein Unterschied besteht.[196] Vorstellungen[197] werden von Erinnerungen beeinflusst (siehe Kapitel 6), und diese Erinnerungen können »fehlerhaft« sein.

Durch das Mentale Training können jedoch gezielt positive Vorstellungen ausgebildet und stabilisiert werden. Ob sich eine Person die für ein positiv verlaufendes Mentales Training passenden Inhalte vorstellt, lässt sich prüfen durch

- Verbalisieren oder Verschriftlichen von Vorstellungsinhalten,
- einen Abgleich des zeitlichen Verlaufs von vorgestellter und realer Handlung (eine weitestgehende Passung wird als ein Hinweis auf eine adäquate Vorstellung interpretiert),
- einfaches Nachfragen oder auch
- Beobachten vergleichbarer Personen, die die Handlung erfolgreich ausführen,[198] und einen anschließenden Abgleich mit der Vorstellung der betreffenden Person.

Um als Trainer die Kompetenzüberzeugung der Sportler zu entwickeln und zu stabilisieren, ist die sprachliche Erfahrung, also die Art seiner Kommunikation mit ihnen, eine weitere zentrale Komponente.

SPRACHLICHE ÜBERZEUGUNG

Der Trainer selbst ist eine äußerst relevante Rahmenbedingung für die Sportler, weil er über Sprache, Mimik, Gestik und Körperhaltung in direkter Weise auf sie einwirkt. Die Kommunikation des Trainers hat einen großen Einfluss – wobei die nonverbale Kommunikation genauso bedeutend ist wie die verbale.[199] Insofern müssen sich Trainer ihrer kommunikativen Wirkung immer sehr bewusst sein und sensibel damit umgehen können (siehe Kaptiel 5) – was im Übrigen natürlich für jede Führungskraft gilt. Dazu Jupp Heynckes: »Noch vor dem ersten Saisonspiel habe ich erklärt, dass ich Schweinsteiger für einen der besten Mittelfeldspieler der Welt halte. Mit solchen öffentlich ausgesprochenen Sätzen macht man auch einen Profi stark.«[200]

▶ Experiment: Pygmalion-Effekt[201]

In der griechischen Mythologie war Pygmalion ein König auf Zypern. Er schuf als begnadeter Künstler eine weibliche Statue aus Elfenbein, sein Idealbild einer Frau. Der Künstler war so verliebt in sein Werk, dass Aphrodite (die griechische Göttin der Liebe) ein Einsehen hatte und die Statue zum Leben erweckte. Pygmalions Glaube war so stark, dass er ihn befähigte, einer künstlich geschaffenen Figur Leben einzuhauchen.

Die Entdeckung des Pygmalion-Effekts (eigentlich eine Erweiterung des schon besprochenen Halo-Effekts) geht auf Robert Rosenthal zurück. Er führte ein Experiment durch, in dem Studierende als Aufgabe Ratten darauf trainieren sollten, ein Labyrinth zu durchqueren. Er teilte die Tiere nach dem Zufallsprinzip in zwei Gruppen und übergab der einen Gruppe von Studierenden die erste Rattengruppe, indem er ihr sagte, dass die Tiere nach strengen Kriterien ausgewählt seien und beim Überwinden eines Labyrinths außergewöhnlich gut abschneiden könnten. Die anderen Ratten übergab er an die zweite Studierendengruppe und beschrieb die Tiere dort als gewöhnliche Ratten, die genetisch bedingt möglicherweise Probleme hätten, ihren Weg aus dem Labyrinth zu finden. Die Studierenden, die ihre Ratten für außergewöhnlich hielten, brachten ihnen Sympathie und Wärme entgegen und animierten sie. Die Studierenden, die Zweifel am Potenzial ihrer Ratten hatten, kümmerten sich kaum um sie und vergaßen, sie zu stimulieren. Bereits nach wenigen Tagen bestätigten die Ratten aus beiden Gruppen Rosenthals Prognosen. Die Ratten erfüllten die Erwartungen und wurden zu dem, was prophezeit wurde (einige Ratten aus Gruppe 2 überquerten noch nicht einmal die Startlinie!).

Derartige Experimente wurden auch in Schulen durchgeführt und zeigten ähnliche Ergebnisse. Lehrern wurde vorgetäuscht, dass man mithilfe eines Tests diejenigen Schüler identifizieren könne, die demnächst als »Aufblüher« einen immensen Entwicklungsschub durchlaufen würden. Angeblich handelte es sich dabei um 20 Prozent der Klasse, ein Anteil, der in Wirklichkeit aber rein zufällig ausgewählt worden war. Es zeigte sich jedoch, dass nach einem Jahr die vermeintlichen Aufblüher ihren IQ tatsächlich deutlich stärker steigern konnten als der Rest der Klasse. Die Erwartungen, die wir Menschen entgegenbringen, haben signifikante Auswirkungen auf ihre künftige Leistung. ◀

Die Kommunikation der Führungsperson ist in zweierlei Hinsicht bedeutsam: Zum einen setzt das »Wie« und »Was« (verbal und nonverbal) darin bereits eine äußerst relevante Rahmenbedingung für Sportler oder Mitarbeiter. Zum Zweiten können und sollen mittels der Kommunikation Informationen über die Gestaltung weiterer Rahmenbedingungen eingeholt werden. Ist die Kommunikation des Trainers nicht sensibel und umsichtig gestaltet, wird er es schwer haben, die relevanten Informationen über die Gestaltung zukünftiger Szenarien zu erschließen.

Es ist daher für Trainer von großer Bedeutung, zu wissen, wie die Kommunikation mit einzelnen Athleten aussehen sollte. Nur zu oft geht man in guter Absicht davon aus, dass das, was einem selbst in einer vergleichbaren Situation geholfen hätte, dem anderen ebenso hilft. Aus gut gemeint wird dann schnell das Gegenteil von gut.

▶ Story: »Ich wollte doch nur motivieren«

Eine Skifahrerin bereitet sich auf die Abfahrt vor. Der Hang ist steil, eisig und sehr anspruchsvoll gesteckt. Die letzten Rennen liefen nicht gut, auch Stürze waren in der Vergangenheit vorgekommen. Die Skifahrerin ist deutlich beansprucht und hoch konzentriert. Der letzte Betreuer, der sie vor dem Rennen spricht, ist ihr Service-Mann, der ihre Bindung einstellt und ihr kurz vor dem Start in die Skier hilft. Diesmal meint er es besonders gut und verabschiedet sich mit dem Satz: »Und diesmal fährst du nicht wie so ein Angsthase!« Die Skiläuferin kam mit über fünf Sekunden Rückstand und den Tränen nahe ins Ziel. Darauf angesprochen, sagte der Service-Mann nur schulterzuckend: »Ich wollte sie motivieren – mir hätte das in der Situation geholfen!« ◀

Eine umsichtige und zielführende Kommunikation kann Trainern dann gelingen, wenn sie bewusst den im Weiteren ausgeführten Kommunikationsprinzipien Erleben, Ziele, Kontext folgen. Was nichts anderes heißt, als die Art der Wahrnehmung, des Erlebens und des sozialen Kontexts eines Sportlers oder Mitarbeiters in den Mittelpunkt ihrer Beobachtung und Kommunikation zu rücken, um so die nötigen Hinweise zu bekommen, wie sie mit dem Einzelnen umzugehen haben und welche Rahmenbedingungen die passenden sein könnten.

ERLEBENSBEZUG

Wie bereits im fünften Kapitel angesprochen, verändert sich ein lebendes System nur entsprechend seiner individuellen Logik, seiner Struktur. Weil lebende Systeme also strukturdeterminiert sind, ist es für Trainer wie für Führungskräfte wichtig, herauszufinden, in welcher Weise Spieler beziehungsweise Mitarbeiter die Gegebenheiten der Umwelt wahrnehmen und interpretieren. Die Grenzen zwischen seiner Lebenswelt und der seiner Spieler waren für Jupp Heynckes zwar spürbar, klar war aber immer, dass er den Zugang dazu brauchte: »Bei der Musik von Ribéry macht es nur ›bummbummbumm‹. Das ist nicht direkt was für mich, aber ich höre es mir an. Es ist auch meine Aufgabe, die unterschiedlichen Charaktere verstehen zu lernen. Ich habe nie ein Generationenproblem mit meinen Spielern gehabt. Im Kopf bin ich immer jung geblieben. Ich glaube auch, dass ich eine hohe Sensibilität habe, Menschen zu verstehen.«[202]
Wenn, wie in Kapitel 4 besprochen, jeder Mensch eine eigene Wirklichkeitskonstruktion besitzt, dann hat auch jede Wirklichkeitskonstruktion ihre Berechtigung. Der Trainer muss die Wirklichkeitskonstruktion jedes Sportlers respektieren, akzeptieren und versuchen, daran anzuknüpfen. Würde er umgekehrt verlangen, dass die Sportler sich seiner Wahrnehmung und Wirklichkeitskonstruktion anpassen, ginge der Aufbau von Kompetenzüberzeugung keinen Schritt voran. Als wichtigste Prämisse gilt, sich von der Annahme zu verabschieden, man könne irgendwelche objektiven Aussagen über irgendeinen Menschen machen und dementsprechend objektiv richtige Interven-

tionsstrategien für irgendeine objektiv definierte Entwicklung ableiten.[203] In der Praxis wird dies allerdings häufig suggeriert, wenn manche
Trainer, noch bevor sie mit dem Spieler gesprochen haben, vorgeben,
zu wissen, was das Beste für ihn ist.

Die Regel lautet: Es gibt keine Regel. Als Führungsperson muss man
sich auf die Möglichkeit einstellen, dass bei jeder zu führenden Person
unterschiedlich vorzugehen ist. In der Fachterminologie nennt man
dies das »plastische Reaktionsvermögen«: Auf ein und denselben (Trai-
nings-)Reiz reagiert womöglich jeder Sportler anders.

Gerade im Mannschaftssport erlebt man es häufig, dass nicht Individuen, sondern »die Mannschaft« mit den immer gleichen Übungen
und Trainingsmaßnahmen trainiert wird und dabei – je nach Ausgangsbasis – die einzelnen Spieler unter- bis überfordert werden. Die
Wahrscheinlichkeit, die richtige Entwicklungs- oder Trainingsstrate-
gie zu finden, steigt, wenn die Führungskraft an das jeweilige Erleben
der zu führenden Personen anknüpft. Individualisierung im Training
ist ein vielfach gefordertes Prinzip, das aber oft nur in Topmannschaf-
ten umgesetzt wird (oder werden kann, da dies auch an entsprechende
Personalressourcen geknüpft ist).

Entsprechend den unterschiedlichen Strukturen der Spieler beziehungsweise Mitarbeiter wird auch die Bewältigung von Aufgaben von Person
zu Person unterschiedlich erfolgen: Die gleiche Aufgabe wird individuell verschieden je nach zur Verfügung stehenden Mitteln bewältigt
werden. Es ist nicht das Gleiche, wenn zwei dasselbe tun. Selbst ähnliche (physische) Konstitution, Ausbildung und Funktion bedeuten
nicht, dass Aufgaben auch nur annähernd gleich angegangen und erledigt werden.[204]

Am Erleben anzuknüpfen bedeutet auch, die Stärken (Ressourcen) und
Schwächen des anderen zu erkennen und angemessen in den Trai-
nings- und Entwicklungsprozess einzubringen. Der individuelle Umgang mit Stärken und Schwächen und das individuelle Training, in
dem Stärken gestärkt und Schwächen abgebaut werden sollen, steht in
absolutem Widerspruch zu routinehaftem Vorgehen. Genau diese Form
des Umgangs sollte im Interesse der zu führenden Person und ihrer

Leistung verfolgt und nicht als lästig oder zu aufwendig abgeschrieben werden. Sich als Führungskraft dem zuzuwenden, wofür sich die zu führende Person interessiert, ist die einfachste Form, am Erleben anzuknüpfen, und birgt ein erhebliches Potenzial, Verbindung (strukturelle Kopplung) herzustellen.

Fazit und Transfer: In der transformationalen Führung sollte jedem Mitarbeiter individuell begegnet werden: Jeder hat seine eigene Logik, seine eigene Geschichte, und jeder zieht seine eigenen Schlüsse.[205] Führungskräfte, die unter Annahme bestimmter Methodenspezialisierung schon vorher wissen, was für andere Menschen gut und richtig ist, verhindern eine Umsetzung der transformationalen Idee.

INDIVIDUELLE ZIELE BERÜCKSICHTIGEN

Ein wichtiger Teil des Erlebens sind die individuellen Ziele. Entwicklung lässt sich nicht erzwingen, denn sie betrifft autonome Menschen. Auch Sportler lassen sich nicht nach den Vorstellungen der Trainer verändern, auch sie verändern sich strukturdeterminiert. Geeignete Rahmenbedingungen, verstanden als Veränderungen der Umwelt, die zur konstruktiven und eigeninitiativen Zustandsänderung beitragen, setzen auch eine intensive und konkrete Auseinandersetzung mit den Zielen der jeweiligen Person voraus.

Hilfe setzt immer auch eine Hilfesuchende oder einen Hilfesuchenden voraus,[206] was zu Vicente del Bosques bereits zitierter Aussage passen würde: »Ich bin da, um den Spielern zu helfen.« Der Begriff des »Hilfesuchenden« impliziert einen unerwünschten Ausgangszustand und ein gewünschtes Ziel, das mit einem Helfer – hier dem Trainer – erreicht werden soll. Dieses Ziel ist nicht immer explizit, sondern oft impliziter Teil des Erlebens und der Wirklichkeit des Sportlers. Zentrale Aufgabe der Trainer ist es daher, Sportler durch Kommunikation anzuregen, ihre (ehrlichen) Ziele offenzulegen und einen Entwicklungs- oder Trainingsauftrag zu formulieren. Einen Trainingsauftrag zusammen mit einem Athleten zu formulieren, verhindert bloßen Aktionismus im Training. Der Trainingsauftrag ist die genaue und differenzierte Formulierung der Ziele des Sportlers, die im Laufe der Zusammenarbeit mit dem Trainer angegangen und möglichst erreicht werden sollen. Dazu Joachim Löw: »Wenn ich jemanden wie Gomez oder Neuer motivieren müsste, würde ich etwas falsch machen. Ich versuche bei den Spielern durch intensive Kommunikation zu erreichen, dass ihre eigene Motivation steigt. Mit ihnen zusammen formuliere ich Ziele, erkläre ihnen: Das sind deine Stärken, die musst du effektiv einbringen; das sind deine Schwächen, hier musst du mehr tun.«[207]

Transformationale Führung braucht Anstrebungsziele, das heißt Ziele, die positiv und spezifisch (also messbar), klar und einfach formuliert sind.[208]

Neben positiver Zielsetzung ist auch darauf zu achten, dass realistische Ziele vereinbart werden. Dazu Jürgen Klopp: »Wer sagt, wenn man große Ziele nicht deutlich formuliert, ist man auch nicht ambitioniert, der kann keine Ahnung haben, wie man Ziele erreicht. Ich kann mir nicht ständig Ziele stecken, die kaum erreichbar sind. Das, was möglich ist, muss man sich mit aller Konsequenz zum Ziel setzen. Sollte sich ergeben, ein bisschen mehr geht auch, dann schnappen wir das halt auch.«[209]

Wirklich motivierend sind Ziele, die man sich gerade noch zutraut, für die man sich aber anstrengen muss. Die individuell richtigen Ziele zu finden und sich darauf zu verständigen ist Voraussetzung dafür, dass Sportler den späteren Erfolg internal auf die eigene Anstrengung und die individuellen Fähigkeiten zurückführen. Dies wiederum ist wichtig, um langfristig eine Überzeugung in die eigene Kompetenz aufzubauen.

Wie wir in Kapitel 6 zum Thema Konzentration festgehalten haben, ist es in Leistungsanforderungen zweckmäßig, die Ziele prozessorientiert anzugehen. Dies gelingt, wenn erwünschte Ergebnisziele (Was soll erreicht werden?) in klare und durchführbare Prozessziele (Was ist zu tun?) umgewandelt werden. Dazu Markus Weise: »Ich bin kein Erfolgstrainer, sondern ein Leistungstrainer. Einen Kardinalfehler begeht jeder, der unterwegs zu viel an den Erfolg denkt und dabei die Leistung – also die Voraussetzung für den Erfolg – aus dem Blick verliert. Ich mache es umgekehrt und kümmere mich wenig um den Erfolg.«[210]

Fazit und Transfer: In der transformationalen Führung werden die Ziele des jeweiligen Mitarbeiters ermittelt und die Art und Weise der Zusammenarbeit explizit erarbeitet.

Möglicherweise fällt es einer Führungskraft zunächst schwer, einem Mitarbeiter zuzutrauen, die Zusammenarbeit zu definieren. Wer soll es jedoch besser wissen als die betreffende Person selbst? In diesem Sinne ist der Mitarbeiter als Experte für Ziele der Zusammenarbeit zu verstehen. Die Führungskraft sollte sich als Experte für Prozesse und Rahmenbedingungen auffassen und auf verschiedenste Art und Weise ein Entwicklungsziel zu erreichen wissen.

INDIVIDUELLEN LEBENSRAUM UND LEBENSZEIT BERÜCKSICHTIGEN

Prinzipiell ist der strukturelle Wandel eines selbstorganisierenden Systems, von dem in Kapitel 4 die Rede war, ein stetig andauernder Prozess, der ab der dritten Lebensdekade insofern umschlägt, als Veränderungen nur noch geringfügig und langsam erfolgen. Umso mehr erscheint es für Führungsfragen relevant, sich mit der Herkunft, Sozialisation und Lerngeschichte der zu Führenden auseinanderzusetzen. Im Profifußball ist es durchaus üblich, dass man sich vor der Verpflichtung eines Spielers intensiv mit dessen früheren Trainern und Mannschaftskollegen über ihn und seine (auch persönlichkeitsbezogenen) Stärken und Schwächen austauscht. Bei jüngeren Spielern werden zu solchen Gesprächen auch gerne die Eltern eingeladen, um sich auch ein Bild vom Elternhaus machen zu können. Darüber hinaus bieten sich explizite und implizite diagnostische Verfahren[211] an, die den persönlichen Eindruck weiter bestärken oder auch unsicher werden lassen. Neben der Herkunft und Lerngeschichte, also den in der Vergangenheit liegenden Umständen der persönlichen Entwicklung, ist es wichtig, auch aktuelle Lebensumstände zu erfahren und diese für geplante Interventionen und Entwicklungsschritte zu berücksichtigen.

Systemtheoretisch betrachtet hat die Umwelt, mit der ein System interagiert, eine eigene Struktur. Notwendigerweise müssen System und Umwelt strukturell übereinstimmen, sonst kann eine Person nicht op-

timal funktionieren. Für diese Übereinstimmung muss sich norma-
lerweise die Person an die Umwelt anpassen. Genau hierin liegt die
Schwierigkeit beim Übergang von einer Umwelt in die andere (siehe
Abb. 15).

*Abb. 15: Modifikation von Person und Umwelt beim Übergang in
fremde Umwelten*

Wir erleben im Profisport häufig Trainer oder Manager, die erwarten,
dass ein neu verpflichteter Sportler seine herausragenden früheren Leistungen im neuen Umfeld genauso erbringt wie im bisherigen. Dass
die Veränderungen in der Umwelt – und dabei ist nicht nur die neue
Mannschaft gemeint, an die sich der Spieler erst gewöhnen muss – die
strukturelle Kopplung zwischen Spieler und Umwelt massiv stören
können, wird vielfach nicht in Erwägung gezogen. Dies betrifft natürlich besonders Transfers von ausländischen Spielern, die sich mit einer
fremden Sprache und ungewohnten kulturellen Gegebenheiten arran-
gieren müssen, aber auch alle anderen Wechsel.

Für den richtigen Umgang des Trainers mit dem Sportler ist daher die
Kenntnis des Umfelds, in dem der Athlet außerhalb des Klubs oder
Vereins agiert, relevant. Ist zum Beispiel der individuelle Kontext eines
Profifußballers bekannt, können eventuelle leistungshemmende Fak-
toren darin frühzeitig entdeckt und gegebenenfalls reguliert werden,
wie etwa:

- Belastung aufgrund von Verwandten und Freunden in der fernen
Heimat, die finanziert werden müssen.

- Probleme mit der Freundin/Ehefrau/Familie, die die Zeit nach dem Training für sich beansprucht.
- Unruhen in der Heimat, in der die Eltern leben.
- Erkrankung von Kindern, die den Spieler nachts nicht schlafen lassen.
- Keinerlei soziale Kontakte außerhalb des Trainingszentrums, das Gefühl der Einsamkeit und der Ausgrenzung dominiert.
- Internetkontakt in die Heimat mit einer anderen Zeitzone, sodass zwangsläufig der Nachtschlaf zu kurz kommt.

Das Ziel muss es natürlich sein, dass Sportler auf Dauer eine Umstrukturierung ohne Hilfe und Unterstützung von Verein, Trainer, Betreuer leisten können, voraussetzen darf man dies allerdings nicht. Um sich möglichst aus eigener Kraft an neue Umweltbedingungen anzupassen, muss ein Spieler ausreichend Zeit für diesen Prozess zur Verfügung gestellt bekommen, der – je nach Ausgangssituation – langwierig sein kann.

Fazit und Transfer: Im Rahmen transformationaler Führung soll der Kontext von Mitarbeitern berücksichtigt werden. Genauso wie sich passende Rahmenbedingungen im Team positiv auf Mitarbeiter auswirken können, tragen destruktive Umstände (auch im privaten Kontext) dazu bei, die Leistungsfähigkeit erheblich zu beeinträchtigen. Nur wenn man den individuellen Kontext der Mitarbeiter berücksichtigt, kann man frühzeitig dort vorhandene leistungshemmende Faktoren erkennen und entsprechende Hilfestellungen anbieten.

ANGEMESSENE AKTIVIERTHEIT

Das Trainerteam einer Profifußballmannschaft ist nach jedem Spieltag intensiv mit der Diskussion der Frage beschäftigt, in welchem Maß (Intensität und Umfang) der einzelne Sportler in den kommenden Tagen belastet werden kann, um beim nächsten Spiel wieder in der Lage zu sein, seine maximale Leistung abzurufen. Quintessenz ist und bleibt, dass sich der Trainer für die (Über-)Belastung der Sportler verantwortlich fühlt und auch dafür verantwortlich ist beziehungsweise gemacht wird.

Aus psychologischer Perspektive ist hierbei zwischen Belastung und Beanspruchung zu unterscheiden.[212] Belastung ist der mehr oder weniger objektive Reiz aus der Umwelt, der auf den Organismus einwirkt, Beanspruchung die individuelle Reaktion des Organismus darauf. Beanspruchung ist also direkt abhängig von den jeweiligen Ressourcen und deswegen eine ganz individuelle Größe, die bei gleicher Belastung von Mensch zu Mensch sehr unterschiedlich sein kann. Deshalb ist es im Sinne einer optimalen Belastungssteuerung unbedingt erforderlich, dass sich ein Trainer mit dem aktuellen Zustand des Spielers und den Möglichkeiten und Fähigkeiten zur Regeneration intensiv auseinandersetzt.

Da diese individuelle Beanspruchung so schwierig mit objektiven Parametern abzubilden ist, versucht man im professionellen Fußball durch tägliche Abfrage von Schlafqualität und mentaler und körperlicher Fitness per App eine optimale Beanspruchungsregulation zu managen.

Fazit und Transfer: Die Beanspruchungssteuerung der Mitarbeiter sollte für die Führungskraft von großem Interesse sein. Das Team wird nur auf einem maximal hohen Niveau agieren können, wenn die Mitarbeiter ausreichend regeneriert sind. Dabei ist zu berücksichtigen, dass ein und dieselbe Belastung unter Umständen zu individuell sehr unterschiedlicher Beanspruchung führen kann. Optimale Regeneration ist nur über einen individuellen Zugang möglich. Dazu gilt es, den Mitarbeitern entsprechende Zeiträume einzuräumen, um regenerieren zu können. Darüber hinaus sollte sichergestellt werden, dass die Mitarbeiter über Hilfestellungen für optimale Regeneration verfügen.

8 WIR: KOLLEKTIVE KOMPETENZÜBERZEUGUNG

In diesem letzten Kapitel geht es nun um die Frage, wie man neben der für den Teamerfolg wichtigen individuellen Kompetenzüberzeugung auch eine kollektive Kompetenzüberzeugung entwickeln kann. Wie bereits erwähnt, bezeichnet der Begriff der »individuellen Kompetenzüberzeugung« die feste Überzeugung einer Person, dass sie ein bestimmtes Verhalten zu einem bestimmten Zeitpunkt durchführen und darauf vertrauen kann, dass es auch gelingt.

Kollektive Kompetenzüberzeugung meint die Überzeugung jedes einzelnen Teammitglieds, eine Aufgabe zusammen mit den anderen und den vorhandenen Fähigkeiten erfolgreich bewältigen zu können. Entscheidend hierbei ist das Vertrauen der einzelnen Spieler in die Leistungsfähigkeit der Mannschaft beziehungsweise der Teammitglieder.

In einer Studie[213] über zehn Footballteams konnte gezeigt werden, dass die Überzeugung, als Team wirksam zu sein, einen wesentlich stärkeren Zusammenhang mit der erzielten Leistung ($r = .56$)[214] hatte als die Qualität des in Fachkreisen als sehr wichtig eingeschätzten Abschlusstrainings ($r = .15$). In Metaanalysen[215] fand sich ein durchschnittlicher Zusammenhang ($r = .36$) zwischen kollektiver Kompetenzüberzeugung und tatsächlich erzielter Leistung.

Es gilt als selbstverständlich, dass individuelle und kollektive Kompetenzüberzeugung sich wechselseitig bedingen,[216] wobei in Teams im Spitzensport durchaus zu beobachten ist, dass immer wieder einzelne Spieler massiv von der eigenen Kompetenz überzeugt sind. Auch im

Fall von Misserfolg leidet deren Kompetenzüberzeugung kaum, sie sehen die aus ihrer Sicht fehlende Qualität der übrigen Teammitglieder als ursächlich für das Scheitern der Mannschaft an. So manch individuell erfolgreicher Spieler musste erst einmal lernen, dass es nur durch die Entwicklung von kollektiver Kompetenzüberzeugung möglich ist, im Team Titel und Meisterschaften zu gewinnen.

▶ Story: Michael Jordan

Seine Begeisterung für Basketball entdeckt Michael Jordan im Alter von elf Jahren, als er zu Weihnachten einen Basketball geschenkt bekommt. Trotz seines Talents erhält er in der Highschool keinen Platz in der Auswahlmannschaft und fängt schließlich 1980 an der University of North Carolina an, Geografie zu studieren. Ein entscheidender Treffer im NCAA-Finale 1982 rückt den Spieler mit der Nummer 23 ins Rampenlicht. Jordan wird Führungsspieler und begeistert, dominiert aber nicht; Teamerfolge bleiben aus. Jordans Jahrhunderttalent kommt zum Vorschein, seine Titelgewinne als Freshman, bester Spieler und Player of the Year häufen sich – Teamerfolge scheitern nach wie vor im Achtel- oder Viertelfinale. Der 21-jährige Überflieger wagt bei den Chicago Bulls 1984 den Schritt in die NBA. Ein Einzelkönner, der bei den Bulls eine Trendwende einleiten soll. »Air Jordan« – so genannt wegen seiner unfassbaren Sprungkraft und seiner athletischen Fähigkeiten – bekam von den Sponsoren hohe Summen, dennoch ähneln die ersten Jahre bei den Bulls eher einer Ein-Mann-Show als einer Erfolgsgeschichte für das Team. Er wird vergöttert. Jordan ist der einzige NBA-Spieler, der jemals MVP (Most Valuable Player) der regulären Saison, bester Verteidiger und wertvollster Spieler des NBA All-Star Game wurde. Er ist »Überspieler« in der Saison 1987/1988, schafft es aber nicht, mit dem Team gemeinsam als Mannschaft aufzutreten. Der Rest des Teams steht in Jordans Schatten.

In den Play-offs 1988 beißt sich auch Jordan an den Detroit Pistons die Zähne aus, da diese ihn mit speziellen »Jordan Rules« in seiner Spielweise und Effektivität einschränken. Trainer Collins wird rausgeworfen, Phil Jackson kommt zu den Bulls und mit ihm die Wende bei Jordan. Jackson predigt Jordan und dem Team, als Mannschaft aufzutreten. So gelingt es dem Team

1991, die Detroit Pistons zu schlagen und den ersten NBA-Titel zu holen. Die Erfolgsserie als Mannschaft beginnt. Plötzlich gibt es nicht mehr nur den einen Superstar im Team. Das Team ist der Star – die kollektive Kompetenzüberzeugung der Spieler der Schlüssel zum Erfolg. Mit über 30 Jahren kehrt Jordan nach einem Rücktritt wieder zum Basketball zurück und kann mit dem Team die vierte Meisterschaft innerhalb von sechs Jahren gewinnen. ◀

Zur Entwicklung der kollektiven Kompetenzüberzeugung trägt besonders bei:[217]

- der Zusammenhalt innerhalb einer Mannschaft, das Klima im Team und der Umgang miteinander. Diese Faktoren sind das Ergebnis eines langfristig angelegten Teamentwicklungsprozesses (siehe Kapitel 2).
- die behutsame und zurückhaltende Steuerung und Moderation dieses Prozesses durch die Führungsperson.

GEMEINSAME ZIELE SETZEN

Der erste Schritt auf dem Weg zu einer kollektiven Kompetenzüberzeugung ist die Festlegung des gemeinsamen Ziels. Ein überzeugendes gemeinsames Ziel, eine von allen getragene Vision kann für die Mitglieder des Teams unglaublich sinnstiftend sein.

Für eine Teamvision sollte gemeinsam mit den Mitgliedern etwas formuliert und erarbeitet werden, das eine Sehnsucht bei den Beteiligten weckt. Es empfiehlt sich, hierbei ein ganz und gar erstrebenswertes Bild vor Augen zu haben. Natürlich sollte nicht etwas vollkommen Unmögliches gewollt werden, dann handelt es sich um eine Utopie. Doch auch eine Vision bedeutet etwas sehr Großes, das zu Beginn durchaus unerreichbar erscheinen darf. Sie löst idealerweise ein innerliches Sehnen nach dem Zielzustand aus – und das bei allen Beteiligten.

Ziele, die in Visionen übergehen, die die Mitglieder des Teams elektrisieren und berühren, sind nicht immer leicht zu finden. Vielleicht ist es speziell im Sport einfacher als in anderen Bereichen, entsprechende Bilder von Visionen in den Köpfen der Sportler zu verankern. Das ist Jürgen Klinsmann auf der Pressekonferenz zu seinem Amtsantritt im Jahr 2004 als Bundestrainer der Fußballnationalmannschaft gelungen: »Die Fans haben den Wunsch, dass wir 2006 Weltmeister werden, und das ist meine Zielsetzung«, sagte er, und nichts anderes wollte das Publikum von ihm hören. Er beugte sich der Sehnsucht der Öffentlichkeit, das ganz große Ziel anzugehen: »Das Potenzial ist dazu da, etwas zu schaffen, was den Griechen bei der Europameisterschaft gelungen ist«, fügte er hinzu, um zu verdeutlichen, dass es ihm nicht nur um hohle Worte ging.[218] Nicht wenige sehen in dieser klar formulierten Vision Grundlage und Ausgangspunkt für das sogenannte Sommermärchen 2006 (dritter Platz bei der Fußballweltmeisterschaft in Deutschland).

Derartige Visionen ziehen positive Konsequenzen nach sich:

- Die Gedanken sind vom Ziel angezogen, negative Szenarien werden verdrängt.
- Die offensive Denkweise reißt eher mit als eine defensive Denkweise.
- Wenn die Erreichbarkeit prinzipiell gegeben ist und eine plausible Strategie das »Wie« erklären kann, wird die Strahlkraft zusätzlich erhöht.

Ist die Vision in den Köpfen verankert, entstehen Kräfte, die mobilisieren und die oben angesprochene Synergie erst möglich machen.

TEAMKLIMA UND GRUPPENDYNAMIK

In Sportmannschaften sind Trainer und Teammitglieder besondere Umgebungsparameter, die in Abhängigkeit von aktuellen Spannungszuständen positiv oder negativ bewertet werden. Spieler mit ähnlichem Status im Team (zum Beispiel alle die, die für das nächste Bundesligaspiel nicht in den Kader berufen wurden) werden sich eventuell im Moment sympathischer sein als die mit konkurrierendem Status (die, die spielen dürfen, und die, die nicht spielen). Je nach Situation wird dann das Verhalten einer Person anders bewertet und werden bestimmte Verhaltensweisen unterschiedlich stark wahrgenommen und unterschiedlich interpretiert. Das führt wiederum zu einer schwer zu berechnenden Gruppendynamik, die permanent in Bewegung ist. Bereits Kleinigkeiten können bei Teilen der Gruppe Befindlichkeiten und Bedürfnisse – also Spannungszustände – auslösen, die ein bestehendes Gleichgewicht gefährden.

Zum Verständnis dieser Kräfte und des Teamentwicklungsprozesses, in welchem sie zu einem großen, synergetischen Ganzen gebündelt werden können, folgt hier ein Exkurs zur Feldtheorie von Kurt Lewin, die dem systemtheoretischen Ansatz dieses Buches verwandt ist.

▶ *Exkurs: Feldtheorie nach Lewin*

Kurt Lewin spricht in seiner Feldtheorie von sogenannten Vektorenkräften, welche das menschliche Verhalten in Abhängigkeit von Situationen und Umweltgegebenheiten erklären.

Die Situation wird nicht in Bezug auf ihre physikalische, objektive Beschaffenheit hin aufgefasst, sondern so, wie sie subjektiv erlebt wird. Es gibt in der Feldtheorie keine neutralen oder objektiven Situationen, sie werden individuell konstruiert. Diese subjektiven Repräsentationen der Umwelt werden durch Personeneigenschaften (Bedürfnisse, Werte, Einstellungen und Motive) beeinflusst. Menschliches Verhalten ist – so die formulierte Prämisse – mathematisch erklärbar. Das Verhalten (V) ist eine Funktion der Person (P) und der Umwelt (U).

Person und Umwelt sind in dieser Formel wechselseitig abhängige Größen, der Lebensraum wird als topologischer Raum aufgefasst. Das konkrete Verhalten in eine bestimmte Richtung (Vektor) ist ein Resultat aus anziehenden und abstoßenden Feldkräften, welche auf den Menschen einwirken und ihn in einen Spannungszustand versetzen (siehe Abb. 16).

Abb. 16: Vektorkräfte

Der Spannungszustand einer Person bestimmt, wie eine Situation und die Umwelt wahrgenommen werden. So kann je nach Spannungszustand (Bedürfnissen) eines Sportlers oder eines Mitarbeiters das Umfeld (also Führungsperson und Team) als relevant und wichtig oder als bedeutungslos und irrelevant angesehen werden. Die Umwelt hat je nach Spannungszustand eine unterschiedliche, individuell zugeschriebene Valenz (Wertigkeit): Hat man Hunger, hat ein Apfel eine höhere Valenz als der Fernsehapparat. Wenn es sich um die Anziehung eines Objekts handelt, spricht man von einer positiven Valenz, bei der Abstoßung von einer negativen Valenz. ◀

Es ist sofort ersichtlich, dass der systemtheoretische Ansatz nach Maturana und Varela und die Feldtheorie Lewins von ähnlichen Annahmen ausgehen. Angefangen beim Konstruktivismus, als erkenntnistheoretischer Grundlage, über die Abhängigkeit des Verhaltens von der Struktur der Person – also der Lerngeschichte, Sozialisation und genetischen

Ausgangsposition (bei Lewin die Personeneigenschaften) – bis hin zum permanenten strukturellen Wandel, der bei Lewin durch die Dynamik der wechselnden Spannungszustände ausgedrückt wird. Der Ansatz der Feldtheorie erläutert, wie durch unterschiedlich wirkende Kräfte im Feld eines Teams Dynamiken entstehen, die wiederum bestimmte Prozesse auslösen können (zum Beispiel eine unzweckmäßige Teamentwicklung wie Gruppenbildung), die es zu regulieren gilt. Es ist nicht verwunderlich, dass auf Lewin auch der Begriff der Gruppendynamik zurückgeführt wird. Diese Gruppendynamik ist nach Lewin das in einer Gruppe wirkende soziale Kraftfeld, das durch Bedürfnisse (Spannungszustände) und Interaktionen der Gruppenmitglieder entsteht.

ENTWICKLUNG IN SOZIALEN FELDERN

Die Einsicht, dass soziale Felder die Art und Weise des Denkens und Handelns der einzelnen Mitglieder beeinflussen können, ist ein wichtiger Schritt im Verständnis von Teams. Das Wissen um diese Kraftfelder in Gruppen gibt der Führungsperson Einflussmöglichkeiten. Sie kann ganz bewusst Settings schaffen, die das Feld verändern, in welchem die Interaktionen zwischen den zu führenden Personen stattfinden.

Es geht darum, Bedingungen zu schaffen, durch die die Entwicklung einer Gruppe in Richtung eines Teams wahrscheinlicher und effektiver erreicht wird.

In der Entwicklung von einer Gruppe zum Team hatten wir vier Phasen eines Teamentwicklungsprozesses unterschieden (siehe Kapitel 2). Wie das erfolgreiche Durchlaufen der einzelnen Phasen konstruktiv begleitet und positiv beeinflusst werden kann, zeigen die Erkenntnisse aus der Feldtheorie. Aus ihnen ergibt sich, dass die Führungskraft den chronologisch verlaufenden Teamentwicklungsprozess nicht passiv abwarten kann, sondern ihn aktiv steuern und sicherstellen muss, dass die einzelnen Phasen durchlaufen und positiv abgeschlossen werden.

AUSGANGSPUNKT: INSTABILITÄT

Bevor sich ein Team entwickeln kann, muss es zunächst zusammengestellt werden. Auch wenn die Zusammenstellung des zu führenden Teams nicht immer allein in der Hand der Führungskraft liegt, sollten beim Thema Teamzusammenstellung drei Aspekte berücksichtigt werden:

1. Habe ich die geeigneten Persönlichkeiten (und eben auch entsprechend unterschiedliche) im Team, um die wichtigen Rollen im Team zu besetzen?

   Joachim Löw sagte auf die Frage, ob eine Persönlichkeit wie Mario Balotelli, italienischer Fußballnationalspieler, Chancen hätte, ins deutsche Team zu kommen: »Das weiß ich nicht. Ich kenne ihn ja nicht, lese auch nur die Geschichten in den Zeitungen. Um diese Frage seriös beantworten zu können, müsste ich ihn persönlich kennen. Fußballerisch ist er sehr gut. Schnell und torgefährlich. Ein Ausnahmekönner, extrem gut. [...] Natürlich ist es ein wichtiger Punkt in der Auswahl unserer Spieler, eine homogene Mannschaft zusammenzustellen. Aber das heißt nicht, dass bei uns für spezielle Typen kein Platz ist.«[219]

   Im Rahmen der sportpsychologischen Begleitung von Teams setzt man regelmäßig psychologisch-diagnostische Verfahren ein. Neben der psychologischen Leistungsdiagnostik (zum Beispiel der Erfassung der Stresstoleranz oder des Konzentrationsvermögens) spielt auch die Persönlichkeitsdiagnostik eine Rolle. Hierbei fällt durchgehend auf, dass erfolgreiche Teams eine sehr große Vielfalt an Persönlichkeitsausprägungen aufweisen. Sind Teams in dieser Hinsicht zu homogen zusammengestellt, kann dies ihre Leistungsfähigkeit unter Umständen beeinträchtigen.

2. Passen die einzelnen Persönlichkeiten im Team zueinander?

   Es ist heute unstrittig, dass weder eine ganz bestimmte Persönlichkeitsstruktur Voraussetzung für Spitzenleistungen ist, noch dass sich bei erfolgreichen Athleten gleichartige Persönlichkeitsmuster entwickeln. Entscheidend ist, ob eine bestimmte Persönlichkeit die aktuelle Anforderung erfüllt, ein Spieler mit seiner Persönlichkeit gut in ein bestehendes Team passt. Es ist im Profisport oft zu beobachten, dass bei Mannschaften, die offensichtlich aufgrund ihrer Zusammensetzung nicht funktionieren, der zwangsläufige Trainerwechsel rein gar nichts bewirkt. Wie bei einem Motor, bei dem die Teile nicht zueinanderpassen, ein Ingenieur nach dem anderen sein Glück versuchen darf: Es kann nicht gelingen.

3. Passen die einzelnen Persönlichkeiten im Team zu mir als Führungsperson?

Gerade in erfolgreichen Auswahlmannschaften im Sport ist es immer wieder interessant zu beobachten, welcher Trainertyp welche Spielertypen in den Kader beruft. Natürlich geht es in erster Linie um die Qualität der Spieler, aber eine gewisse Passung von Trainer und Sportler erscheint unersetzlich. Weniger häufig erlebt man es, dass das Management eine Vereinsmannschaft mit dem künftigen Trainer handverlesen zusammenstellt. Wenn dies aber möglich ist, sind solche Mannschaften oft erfolgreich. Häufig verhindern aber längerfristige Verträge mit Spielern solch ein Vorgehen.

Sobald die Mannschaft zusammengestellt ist, geht es darum, die Phase des Forming erfolgreich zu durchlaufen. Das Feld zu Beginn eines Teamentwicklungsprozesses zeichnet sich durch Instabilität aus. Die Vektoren der einzelnen Personen sind noch unterschiedlich stark ausgebildet und unterschiedlich ausgerichtet. Die Beziehungen sind noch nicht stabil, der Umgang ist höflich, aber oberflächlich. Bedürfnisse, Spannungen und Differenzen werden nicht thematisiert. Sie bleiben unausgesprochen. Manche dieser Spannungen und Erwartungen sind den Beteiligten bekannt, andere nicht. Jedes Gruppenmitglied bringt eine Reihe von Annahmen über die aktuelle Situation und Erwartungen an das Denken und Handeln in dieser Situation mit – sie resultieren aus ihrer Struktur, ihrer Lernerfahrung, ihrer Sozialisation. Diese Annahmen und Erwartungen sind für eine Person selbstverständlich. In diesem ersten instabilen Feld verbergen die Beteiligten in der Regel das, was sie wirklich denken und fühlen.[220] Diese Art und Weise des

Umgangs ist weit entfernt von struktureller Kopplung und kollektiver Kompetenzüberzeugung – eine leistungsorientierte Ausrichtung der Gruppe ist unmöglich.

Die Führungskraft kann Situationen schaffen, in denen sich die Mitglieder besser kennenlernen können und ein Austausch möglich wird. Diese Phase lebt vom Interesse an den anderen. Man kann Situationen schaffen, in denen gezielt das Private zugelassen wird und erwünscht ist.

Allein das Forming hat bereits einen teambildenden Effekt. In einer Untersuchung von Tajfel[221] wurden Menschen, die sich nicht kannten, verschiedenen Gruppen rein zufällig zugeteilt. Schon die so entstehende Gruppenzugehörigkeit führte dazu, dass sich die Mitglieder einer Gruppe sympathischer fanden als diejenigen aus anderen Gruppen.

Führungskräfte müssen darauf achten, dass alle Beteiligten gemeinsam in den Austausch, in die Interaktion kommen. Gefährlich für den weiteren Teamentwicklungsprozess ist es, wenn sich einzelne Spieler oder Mannschaftsteile ausgegrenzt fühlen. In experimentellen Studien konnte wiederholt gezeigt werden, dass bereits niederschwellige soziale Ausgrenzung negative psychische und auch physische Reaktionen hervorrufen kann.

▶ Experiment: Ausgrenzung

Versuchspersonen spielten das speziell für die laufende Untersuchung entwickelte Computerspiel *Cyberball*[222] – ein Ballwurfspiel, das die Probanden, wie sie meinten, mit zwei anderen Mitspielern durchspielen sollten. Tatsächlich aber wurde das Spielverhalten der anderen Personen künstlich generiert. Je nachdem, in welche Situation eine Versuchsperson versetzt werden sollte, erhielt sie den Ball genauso häufig wie die Mitspieler (normale Einbindung) oder wesentlich seltener als diese (Ausgrenzung). Die »ausgegrenzten« Probanden reagierten unter anderem mit einer Beeinträchtigung des Selbstbewusstseins und vermindertem Zugehörigkeitsgefühl. Physiologisch wiesen sie zudem einen erhöhten Hautleitwert auf (Kennzeichen für Stress). Außerdem war eine Aktivierung genau jener Hirnregionen nachweisbar, die normalerweise bei physischem Schmerz aktiv sind.[223] ◀

Die Phase des Forming löst in der Regel schnell Unzufriedenheit bei den Beteiligten aus, die weiterkommen wollen, aber nicht wissen, wie. Die Frage steht im Raum: »Wer spielt welche Rolle?«

ZWEITE STUFE: AUSEINANDERSETZUNGEN

Die Unzufriedenheit, die diese Phase zwangsläufig mit sich bringt, sollte eine Führungskraft nutzen, um den Übergang in die nächste Phase zu bahnen. Die Sehnsucht, die der Trainer mit seiner Vision bei den Spielern wecken muss, sollte das Verbergen von eigenen Bedürfnissen überwinden helfen. Die »Wer«-, »Wie«- und »Was«-Fragen der gemeinsamen Mission werden jetzt verhandelt. Es folgt die Phase der Konfrontation (Storming). Die Mitglieder der Gruppe kämpfen darum, wessen Meinung und Ansicht die stärkere ist. Die Vektoren sind jetzt stark ausgebildet, jedoch nicht in die gleiche Richtung ausgerichtet. Wichtig ist in dieser Phase, dass der Trainer aktiv Rahmenbedingungen schafft, in denen die Konflikte ausgetragen werden können und die Machtverhältnisse im Team geklärt werden. Dabei müssen in der Auseinandersetzung unbedingt Offenheit und Klarheit herrschen, damit es zu einer konstruktiven Beendigung der Auseinandersetzung kommen kann.

Insofern ist dieser Zustand ein notwendiger Raum, der erst stabile Beziehungen entstehen lassen kann. Wenn das Verständnis dafür wächst, dass in einer zu einem Team zusammenwachsenden Gruppe Frustrationen unvermeidlich sind, wird man sich weniger lang bei den Konflikten aufhalten, und die Fortschritte werden einfacher und fließender.[224]

Um die Konflikte auszuräumen, ist es wichtig, sich auf jedes einzelne Teammitglied einzulassen, intrapersonale Konflikte zu erkennen und mit diesen umzugehen. Lewin beschreibt drei mögliche Konflikttypen.[225]

Annäherungs-Annäherungs-Konflikt: Dieser ergibt sich, wenn für eine Person zwei Objekte in der Umwelt eine positive Valenz annehmen. Solche Konflikte sind relativ leicht lösbar, denn sobald sich die Person dem einen Objekt nähert, wird dessen positive Valenz in der Regel größer, und es kommt zur Auflösung des Konflikts.

Beispiel: Ein Profifußballer wird überraschend zum Freundschaftsspiel der Nationalmannschaft in den Kader berufen oder kann mit der Freundin in den bereits zugesagten und gebuchten Urlaub fahren.

Vermeidungs-Vermeidungs-Konflikt: Zwei Objekte in der Umwelt nehmen für eine Person eine negative Valenz an, wirken also abstoßend auf sie. Dieser Konflikt ist eher stabil. Sobald sich die Person auf eines der beiden Objekte zubewegt, wird dessen negative Valenz größer. Die Person schwankt also zwischen den Alternativen. Um den Konflikt zu lösen, müssen klare Vorgaben und deutliche Grenzen gesetzt werden, damit die Person nicht beide Möglichkeiten meiden kann.

Ein Beispiel wäre eine nicht trainingsfleißige Athletin, die mit den Alternativen »eine anstrengende Trainingseinheit durchziehen« und »den anstehenden Wettkampf verlieren« einen Konflikt durchlebt.

Annäherungs-Vermeidungs-Konflikt: Dieser Konflikttyp unterscheidet sich von den ersten beiden Typen, da es sich hier um nur ein Objekt handelt, das für eine Person sowohl eine negative als auch eine positive Valenz hat. Auch ein solcher Konflikt ist relativ stabil. Es ist hier zu erwarten, dass sich die Person zuerst auf das Ziel hinbewegt, es dann aber wegen der unterschiedlich starken Zunahme der Stärke der Annäherungs-Vermeidungs-Tendenzen meidet.

Ein Beispiel für ein gleichzeitiges Ja und Nein zu ein und derselben Situation ist ein sehr familienbezogener Spieler, der aber aufgrund seines Berufsziels einen lukrativen Vertrag in einem entfernten Verein annimmt und seine Familie zu Hause zurücklassen muss und nur selten bei ihr sein kann.

Wendepunkt in dieser Phase der Entwicklung des sozialen Kraftfelds ist die Einsicht der Beteiligten, die sie dazu bringt, eine übergeordnete Teamperspektive einzunehmen und sich nicht weiter an die eigenen Positionen (Ego) zu klammern. Die positive Valenz, als Team erfolgreich zu sein, dominiert. Es wird erkannt, dass Ziel und Vision nur erreicht werden können, wenn die Kräfte im Feld vereint und gebündelt in die richtige Richtung ausgerichtet werden. Dadurch wird sich auch die Bereitschaft steigern, unbeliebte und unangenehme Aufgaben und Rollen zu übernehmen.

DRITTE STUFE: ROLLENVERTEILUNG

In der dritten Phase (Norming) werden Werte und Normen vereinbart und Rollen vergeben. Es ist eine Phase des Nachdenkens: Was tue
ich, und welche Wirkung habe ich? Die vielleicht dominanteste Haltung im dritten Feld ist Neugier.[226] Trainer müssen hier dafür sorgen,
dass die Teammitglieder die Vision nicht aus den Augen verlieren, und
auf die erforderliche Ausgestaltung von Werten und Normen hinwei-
sen.

Man darf Werte nicht mit Regeln verwechseln und Werte auch nicht
zu Regeln machen. Werte sind viel stärker als Regeln. Eine Regel zu
brechen hat ein zuvor verabredetes Strafmaß (zum Beispiel Geldstra-
fe) zur Folge. Das Zuspätkommen eines Profis zur Mannschaftsbespre-
chung kann durchaus einmal legitim sein – der Spieler bezahlt ja
dafür. Aber überall dort, wo ein Wert Bestand hat, das heißt, die
Teammitglieder etwas tun, was nicht monetär begründet ist, sondern
der Teamleistung zugutekommt, führt eine einfache Bezahlstrafe bei
Unterlassung zum Zerfall dieser Bereitschaft. Man nennt dieses Phänomen auch »Motivation Crowding«.[227]

In der Phase des Norming ist es den Mitgliedern eines Teams selbst
überlassen, den eigenen Weg zu finden, auch wenn dies chaotisch und
willkürlich scheinen mag. Es geht darum, dem Chaos zu vertrauen.[228]
Manchmal ist es hilfreich, diesen Prozess durch Vorgabe von Struktur-
hilfen (siehe Story Erfolgspyramide) zu beschleunigen.

▶ *Story: Erfolgspyramide*[229]

Die Pyramide ist ein typisches Symbol für erfolgreiche Teamarbeit. Am Beispiel der Teampyramide lässt sich mit einer Mannschaft erarbeiten, wie Teams
erfolgreich funktionieren können. Jedes Mitglied soll sich daran beteiligen
und die wesentlichen Eigenschaften anführen, die ein Team für den Erfolg
braucht. Die Vorschläge werden (zum Beispiel an einem Flipchart) gesammelt, danach wird die Mannschaft in (vier) Kleingruppen aufgeteilt. Zunächst soll jede Gruppe aus allen Vorschlägen die zehn für sie wichtigsten
Eigenschaften auswählen und in Form einer Pyramide (4-3-2-1) anordnen
(siehe Abb. 17). ◀

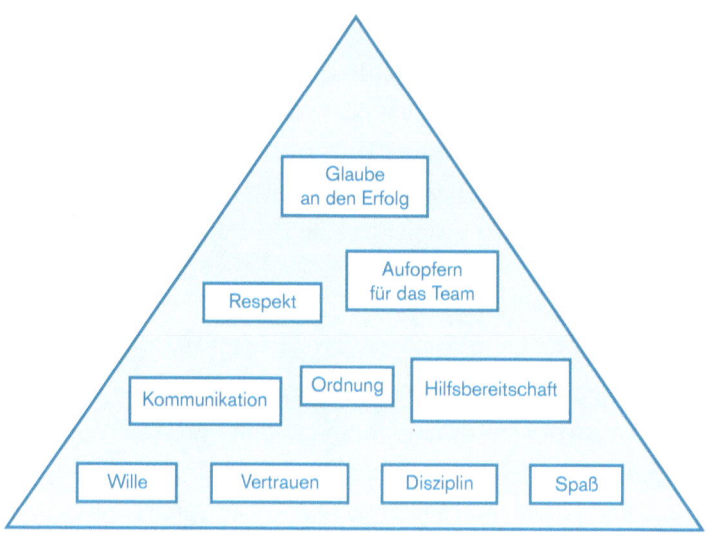

Abb. 17: Beispiel einer Teampyramide

Anschließend stellen sich je zwei Gruppen ihre Pyramiden gegenseitig vor und bilden aus diesen eine gemeinsame Pyramide (mit nach wie vor zehn Eigenschaften). Sodann wird aus diesen zwei Pyramiden eine Pyramide der gesamten Mannschaft erstellt.

Die Zahl der zu ordnenden Eigenschaften ist beliebig wählbar. Es empfiehlt sich, das Ergebnis auf jeden Fall optisch (Foto, Zeichnung) festzuhalten. Man kann es dann an einem prominenten, viel frequentierten Ort (zum Beispiel in der Mannschaftskabine) aufhängen, sodass die gemeinsam für wichtig erachteten Werte stets gegenwärtig sind. Die Verbindlichkeit des gemeinsam Erarbeiteten wird durch das Unterschreiben dieses »Werks« durch die Teammitglieder gestärkt.

Es empfiehlt sich zudem, möglichst konkret zu definieren, welches Verhalten in welchen Situationen (auf und neben dem Platz) für den jeweiligen Wert steht. Die Teampyramide sollte daher regelmäßig Gegenstand von Besprechungen sein.

Trainer sollten auf die vom Team festgelegten Werte und Normen achten[230] und die daraus resultierenden Rollen im Team erkennen beziehungsweise prüfen, welche Personen welche Rollen übernehmen. Dazu

Joachim Löw: »Natürlich schauen wir zunächst, ob ein Spieler in der Lage ist, sportlich das umzusetzen, was wir Trainer von ihm wollen. Wenn es dann Richtung Turnier geht, wird verstärkt im internen Kreis darüber gesprochen: Welche Spieler können der Mannschaft Energie geben? Welche Spieler sind frusttolerant? Welche Spieler sind vielleicht getrieben von zu viel Egoismus oder zu viel Neid?«[231]

Wie an dieser Äußerung deutlich wird, sollte die Verteilung von Rollen und Verantwortlichkeiten den Interessen, Bedürfnissen und Stärken der Teammitglieder entsprechen und auch vom Trainer berücksichtigt werden.

Ein Scheitern von Sportlern ist dann vorprogrammiert, wenn Trainer oder Management für ein Teammitglied eine Rolle vorgesehen haben, die dessen Persönlichkeit nicht entspricht. Einen populären Fußballnationalspieler nur aufgrund seiner Erfahrung und Bekanntheit zum Spielführer einer Bundesligamannschaft zu ernennen, kann ein gravierender Fehler sein. Entspricht diese Rolle nicht seiner Persönlichkeit, kann der mit reichlich Verantwortung gefüllte Rucksack den Spieler massiv belasten und behindern.

Sind Normen und Werte gefunden und die Rollen verteilt, dann bewegt sich die Gruppe auf die leistungsorientierte Phase (das Performing) zu.

▶ Story: Vom Norming zum Performing

In der unmittelbaren Vorbereitung auf die Olympischen Spiele wurde in einer Nationalmannschaft (Einzelsportler, die auch in einem Teamwettbewerb antreten müssen) im Verlauf nur eines Nachmittags ein bemerkenswerter Teamentwicklungsprozess vollendet.

Im Rahmen einer denkwürdigen Ansprache überreichte der Trainer jedem nominierten Athleten einen Karabinerhaken, der zugleich als Symbol stand für das Team (gegenseitige Abhängigkeit und gegenseitige Unterstützung). Nachdem der Trainer die Nominierungen einzeln vor der Gruppe begründet hatte, wurden die restlichen Teammitglieder aufgefordert, aus ihrer Sicht zu erklären, warum die aufgerufenen Sportler ins Team gehören und was sie einbringen (nicht, was sie einbringen sollen). Es entwickelte sich eine sehr emotionale und vertraute Atmosphäre.

Vor dem ersten Teamwettbewerb bei den Olympischen Spielen wurde erstmals ein besonderes Ritual durchgeführt. Die Karabinerhaken wurden zu einer Kette aneinandergehängt, jeder klinkte sich mit seinem Karabinerhaken ein, und so wurde dieser Teamspirit erneut entfacht: Obwohl in den Einzelwettbewerben schwach, gewann die Mannschaft im Teamwettbewerb eine Medaille. ◀

VOLLENDUNG: VERANTWORTUNG UND UNTERSTÜTZUNG

Teams mit einer klaren Identifikation, einem gemeinsamen Ziel und stabilen Werten und Normen können strukturelle Kopplung erreichen. Man kennt sich untereinander, weiß, was der andere braucht, um zu funktionieren, und unterstützt sich gegenseitig.[232]

Das soziale Kraftfeld ist in eine Richtung ausgerichtet, das Team erbringt seine Leistung effektiv und wirksam. Es herrscht eine Atmosphäre, die alles als möglich erscheinen lässt. Spieler einer Mannschaft, die diesen Zustand erfahren haben, sind euphorisch und streben danach, ihn erneut zu erreichen. Man ist kollektiv im Flow. Jemand denkt an etwas, und ein anderer führt es aus.[233] Die Verantwortlichkeit in Hochleistungsteams ist demnach nicht die des einzelnen Sportlers gegenüber dem Trainer, sondern eine Verantwortlichkeit, die wechselseitig von allen Teammitgliedern getragen wird.[234]

Diese gegenseitige (soziale) Unterstützung ist eine in der Wissenschaft schon lange bekannte Ressource, die funktionierende Gruppen nutzen, um Anforderungen besser, leichter und schneller zu bewältigen. Soziale Unterstützung kann als ein mehrdimensionales Konstrukt angesehen und unterschiedlich gelebt werden, zum Beispiel:

- durch helfendes Verhalten,
- emotional (Interesse, Anteilnahme),
- informativ (zum Beispiel durch Rat),
- durch positive gesellige Aktivitäten oder auch
- materiell.[235]

▶ Experiment: Wirkung von sozialer Unterstützung

In verschiedenen Experimenten konnte gezeigt werden, dass Personen, die einer Stresssituation ausgesetzt wurden und zuvor soziale Unterstützung durch ihren besten Freund beziehungsweise ihre beste Freundin erhalten hatten, niedrigere Cortisolwerte (Stresshormon, vgl. Kapitel 6) entwickelten als diejenigen, die derselben Stresssituation ausgesetzt waren, ohne zuvor entsprechende Unterstützung erfahren zu haben.[236]

Die Soziale Unterstützung durch den Lebenspartner scheint allerdings geschlechtsspezifisch zu wirken: Ein stressreduzierender Effekt zeigte sich nur bei Männern, Frauen zeigten bei Unterstützung durch ihren Lebenspartner höhere Cortisolwerte im Vergleich zu denjenigen, die die stressreiche Situation ohne ihren Lebensgefährten bewältigen mussten.[237] ◀

In der Performing-Phase muss eine Führungsperson besonders intensiv beobachten und Strömungen und mögliche Störungen sensibel ausmachen, um rechtzeitig und behutsam gegenzusteuern. Der Teamprozess sollte ständig aufmerksam verfolgt, die Beziehungen zu Außenstehenden sollten gemanagt und positives, konstruktives Feedback gegeben werden. Eine Führungskraft sollte es vermeiden, hier Druck auszuüben, weil in dieser Phase so keine Leistungssteigerung erreichbar ist, sondern lediglich Begeisterung und Initiative ausgebremst werden.[238]

Aus dem Umfeld heraus wird ein Team in diesem Zustand häufig so wahrgenommen, als wäre der Erfolg der Mannschaft ein Selbstläufer, der Trainer und sein Einfluss scheinbar irrelevant: »Da kannst du einen Besenstiel als Trainer hinstellen – die Jungs funktionieren!« Vielleicht hat in dieser Phase selbst der Trainer manchmal den Eindruck, dass jedes Einwirken (Ansprache, Motivationsvideo etc.) das perfekte Zusammenspiel nur stören kann.

Zu erkennen, dass nichts zu tun genau das Richtige ist, und sich dann auch daran zu halten ist alles andere als einfach. Nichts aktiv zu tun, sondern sich zurückzuhalten, kann manchmal sogar zur Qual werden. Besonders in unklaren Situationen geschieht Handlung oft aus reinem Aktionismus – in der Fachterminologie *action bias*[239] genannt –, wird dem Impuls, etwas zu tun, einfach nachgegeben. Man fühlt sich kurz-fristig vielleicht besser (weil man etwas gemacht hat), erreicht aber rein gar nichts mit seiner Handlung. Tendenziell handelt man meistens zu schnell und zu oft. Besser ist es, falls möglich, abzuwarten, bis man die Situation wieder einschätzen kann.

Die Begeisterung, verbunden mit hoher gegenseitiger Wertschätzung, ist ein weiteres Merkmal der in dieser Phase ausgeprägten kollektiven Kompetenzüberzeugung. Jedes Element des Systems verstärkt die Wir-kung der anderen Systemelemente und bringt schließlich ein integrier-tes Ganzes hervor, das wesentlich schlagkräftiger ist als die Summe seiner Teile.[240] Man pflegt eine besondere Einstellung zum anderen: Die Teammitglieder werden als Experten in ihrem Bereich geschätzt und respektiert. Es herrscht gegenseitiges Euphorisieren.

In dieser Phase besteht häufig auch maximaler Respekt zwischen den Mitgliedern im Team. Man weiß, was man aneinander hat. Dazu Jür-gen Klopp: »Was war zuerst da? Du hast dich extrem gut verstanden und warst erfolgreich, oder du warst erfolgreich und verstehst dich deshalb extrem gut. Ich bin felsenfest überzeugt, dass die Reihenfolge klar ist. Ich meine, das eine ist logisch – wenn du was gewonnen hast, dass du dich dann besser verstehst. Aber je größer der Respekt unter-einander ist, desto größer die Chance auf Erfolg.«[241]

Es ist dennoch immer wieder damit zu rechnen, dass die Störungen der Teamperformance (zum Beispiel Niederlagenserie, Verletzungen etc.) so gravierend sind, dass man zurückgeworfen wird und Phasen des Teamentwicklungsprozesses erneut durchlaufen werden müssen (siehe Abb. 18).

GEMEINSAM DURCH HÖHEN UND TIEFEN

Teams im Performing-Stadium werden nicht permanent erfolgreich sein. Auch sie müssen mit Misserfolg und schwierigen Situationen klar-kommen. Der Faktor Glück oder Pech spielt beim sportlichen Erfolg immer eine Rolle. Ihn zu minimieren gelingt nur durch gesteigerte Akribie. Nur wer intensiv und ausdauernd auch die Kleinigkeiten be-rücksichtigt, ist weniger von Glück oder Pech abhängig. Es gilt, einer-

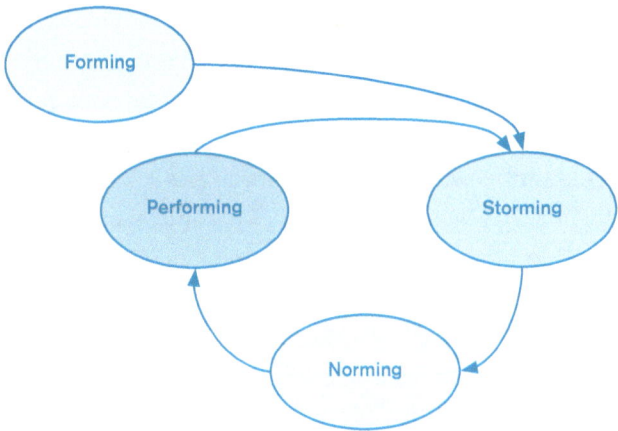

Abb. 18: Kreislauf der Teamentwicklung

seits die harten Fakten mit stoischer Gelassenheit zur Kenntnis zu nehmen (zum Beispiel Abstiegsplatz, Misserfolgsserie etc.), andererseits den Glauben an ein gutes Ende zu bewahren und sich mit höchster Disziplin dem eigenen Verantwortungsbereich zu widmen.

Jedes Mal, wenn ein Hindernis gemeinsam überwunden ist, wächst ein Team stärker zusammen. Es entwickelt Vertrauen in sich selbst, lernt, effektiver zusammenzuarbeiten, und baut im Zuge dieses Prozesses individuelle und kollektive Kompetenzüberzeugung auf.

Eindrucksvoll war die energische Reaktion von dem deutschen Nationalspieler Per Mertesacker bei der Fußballweltmeisterschaft in Brasilien auf das Nachfragen eines TV-Reporters nach einem – für die Öffentlichkeit enttäuschenden – knappen Kampfsieg über den eigentlich deutlich unterlegenen Gegner Algerien.

»Was wollen Sie jetzt von mir? Was wollen Sie jetzt – also – so kurz nach dem Spiel? Das kann ich nicht verstehen! […] Glauben Sie jetzt unter den letzten 16 ist irgendwie 'ne Karnevalstruppe oder was? Sie haben das hier uns richtig schwer gemacht über 120 Minuten und wir haben gekämpft bis zum Ende und haben dann überzeugt, besonders dann in der Verlängerung. Das war ein Auf und Ab, wir waren mutig, haben natürlich viel zugelassen, aber trotzdem muss man lange Zeit die Null halten, das haben wir halt geschafft und darüber hinaus haben wir zum Ende hin dann auch verdient gewonnen und alles andere ... ich lege mich jetzt erst mal drei Tage in die Eistonne und dann analysieren wir das Spiel und dann sehen wir weiter.«[242] Für das weitere Zusammenwachsen als Team war dieser Sieg wichtiger als der deutliche Sieg gegen Portugal zum Vorrundenauftakt. Aufbau und Stabilisierung der kollektiven Kompetenzüberzeugung werden zusätzlich unterstützt durch die Tatsache, dass in funktionierenden Teams, wie oben erläutert, die Führungskraft nicht mehr vorgibt, kontrolliert und anleitet, sondern moderiert, inspiriert und sensibel Prozesse steuert.[243]

STEUERUNG UND MODERATION

Um den Zustand des Performing aufrechtzuerhalten, muss die Führungsperson sich bewusst von den eigenen Gewissheiten (einfachen Lösungen, die die Assoziationsmaschine des schnellen Denkens permanent liefert) lösen und sich auf die Handlungsmöglichkeiten einlassen, die sich aus der Konzentration (anstrengendes, langsames Denken) auf die Teammitglieder ergeben. Aus solch einer Haltung kann etwas Besonderes entstehen, was unter anderen Umständen in gleicher Weise nicht entstanden wäre.

In Hochleistungsteams wie beispielsweise der Eliteeinheit der U.S. Marines geht man davon aus, dass Unsicherheit nicht komplett zu verhindern und Komplexität nicht vollständig zu reduzieren ist, weshalb es für den Erfolg wesentlich auf Flexibilität und Initiative der Soldaten ankommt. Die Kommandeure sind also stark vom Feedback, das sie von den Soldaten aus dem Feld bekommen, abhängig, um Entscheidungen treffen zu können, die den sich ständig ändernden Bedingungen gerecht werden. Nicht klassische Befehlshierarchie also, sondern synergetische Entscheidungsfindung.[244]

In vielen Spielsportarten ist eine Reihe taktischer Dinge vom Trainer vorgegeben – dennoch wird den Spezialisten auf dem Feld die Entscheidung überlassen, wie beispielsweise ein Spielzug in einer aktuellen Situation auf dem Platz zu spielen ist oder ob ein Standard, zum Beispiel ein Eckball, auf den kurzen oder langen Pfosten geschlagen oder auch kurz ausgeführt wird.

So war auch der »misslungene« Freistoßtrick mit dem Stolperer von Thomas Müller bei der Fußball-WM 2014 in Brasilien von der Mannschaft eingeübt und trainiert worden, und es war auch ihre Entscheidung, diesen Trick dann im Spiel anzuwenden.

Um ein Team in der Phase des Performing zu führen und die kollektive Kompetenzüberzeugung zu stabilisieren, muss es dem Trainer gelingen, innezuhalten, einen Schritt zurückzutreten und die Dinge aus einer neuen Perspektive zu betrachten. Das ist insbesondere dann schwierig, wenn man sich schon auf eine Meinung (über einen Sachverhalt, eine Situation oder eine Person) festgelegt hat.

Eine transformational führende Führungskraft sollte immer wieder in der Lage sein, ihre Meinung und Sicht der Dinge infrage zu stellen und sich offen und unvoreingenommen neuen Situationen und Anforderungen in und mit dem Team zu nähern. Ihre Aufgabe ist es, dabei ein sicheres Gefühl für entscheidende Situationen zu entwickeln.

Um ein funktionierendes Team im Zustand des Performing zu stabilisieren, muss eine Führungsperson Ort und Ursache möglicher Störungen antizipieren und erkennen. Sie muss Intuition (schnelles Denken) zulassen[245], aber dennoch auch sicherstellen, dass sie nicht den kognitiven Täuschungen erliegt.

Einer der wohl wirkungsvollsten Wege zur Verbesserung der prognostischen Intuition besteht im gewissenhaften Erfassen des sozialen Kraftfelds, das die Führungsperson vor sich sieht.[246] Die Kunst ist, zu erkennen, was das Team wann von der Führung benötigt, um auch nur dann (bei Bedarf) einzugreifen. Das bedeutet: Der Trainer muss herausfinden, »was« und »wann« er selbst entscheiden muss. Denn in manchen Fällen ist es gar nicht die Führungskraft, die die Lösung hat, sondern das Team selbst.[247] Die Führungskraft hilft, die Hindernisse zu beseitigen, die das Team noch von der gesuchten Lösung trennen. Wenn Teams gut zusammengestellt sind, man ihnen Zeit gibt und durch entsprechende Maßnahmen die Phasen der Teamentwicklung unterstützt, sind die Voraussetzungen gegeben, dass das gemeinsame Leisten im Team als attraktiv empfunden wird. Untersuchungen[248] haben gezeigt, dass Mitglieder von Hochleistungsteams ihr Team als etwas ganz Besonderes beschreiben und erklären, sie seien Teil von etwas gewesen, das größer und besser war als sie selbst. Es herrsche darin eine Atmosphäre von Begeisterung und Konzentration, welche das Entstehen neuer Fähigkeiten förderte und Offenheit für Veränderung erzeugte.

Jupp Heynckes beschreibt nach der grandiosen Saison 2012/2013 des FC Bayern, in der Meisterschaft, Pokalsieg und Sieg der Champions League gelungen waren, die besondere Atmosphäre in seiner Mannschaft: »Ich muss hier noch mal ausdrücklich betonen, dass ich eine Mannschaft geführt habe, die wunderbar war, die sich zwischenmenschlich hervorragend verstanden hat. Wenn wir morgens zur Säbener Straße zum Frühstück kamen und wie die Spieler sich begrüßt haben, sich umarmt haben und wie sie zusammen kommuniziert haben. Das zeigt mir, dass heute der Erfolg nicht nur über die professionelle Schiene geht, sondern dass das Zwischenmenschliche, dass Empathie, dass das Vertrauen, dass der gegenseitige Respekt ganz wesentlich und wichtig ist. Besonders in einer Fußballmannschaft, in der es nur große Spieler gibt, Stars in Anführung, weil meine Spieler waren meines Erachtens keine Stars, sie waren großartige Könner und wunderbare Menschen.«[249]

Dauerhaft erfolgreiche Trainer und Führungskräfte handeln aufgrund sensibler Beobachtung. Daraus leiten sie die aus ihrer Sicht wichtigen und notwendigen Maßnahmen ab: Sie hören zu, sie geben Anerkennung, sie schaffen hieraus zusätzliche Herausforderungen, oder aber sie halten sich heraus und bleiben im Hintergrund. So ermöglichen sie es dem Team, seinen Weg zu gehen, und erhalten und nutzen das, wofür dieses Team steht und was es erreicht.

In diesem Sinn und vor diesem Hintergrund arbeiten wir seit vielen Jahren mit Trainern im Sport und Führungskräften aus der Wirtschaft zusammen. Für den beschriebenen Weg der transformationalen Führung stehen wir aus ganz verschiedenen Gründen, der Hauptgrund ist jedoch: Es ist unter den gegebenen Umständen in der Welt des professionellen Sports und der Wirtschaft der beste Weg, mittel- und langfristig erfolgreich zu führen.

ANMERKUNGEN

1 Auf der Pressekonferenz vor dem Viertelfinalspiel Spanien gegen Frankreich am 23.06.2012 bei der EM 2012.
2 Vgl. *Zeit* vom 31.05.2012.
3 Vgl. *Zeit* vom 26.08.2013.
4 Vgl. *Zeit* vom 26.08.2013.
5 Born, Eiselin 1996.
6 Linz 2014.
7 Peters, Hermann, Müller-Wirth 2013.
8 Linz 2014.
9 Katzenbach, Smith 2003.
10 Vgl. dfb.de vom 23.01.2013.
11 Tuckman 1965.
12 Katzenbach, Smith 2003.
13 Linz 2014.
14 Neumann 2012.
15 Katzenbach, Smith 2003.
16 Lattmann 1982.
17 Redlich 2007.
18 Ebd.
19 Bette 1984.
20 Vgl. wdr.de vom 20.03.2013.
21 Schmidt 2011; Stichprobe Bundesliga: 153 Trainerwechsel von 97 Trainern der 25 Vereine (1. und 2. Bundesliga) von 1989/1990 bis 2008/2009; Stichprobe CEO: elf Amtszeiten von 282 CEOs bei insgesamt 141 DAX- und MDAX-Firmen von 1999 bis 2008.
22 Fischhoff 1975.
23 Kahneman 2011.
24 Diese Zuschreibung einer Kausalitätsbeziehung zwischen Erfolg/Misserfolg und Führungseigenschaft wird auch als Romantisierung von Führung bezeichnet; vgl. Graf, Quaquebeke 2012.

25 Turner 1998.
26 Thorndike 1920.
27 Vgl. *FAZ* vom 03.05.2012.
28 Pepe Danquarts Film *Am Limit*, 2007.
29 Schmidt 2011.
30 Hilger, Richter, Schäffer 2011.
31 Zitiert nach Schmidt 2011, S. 8.
32 Vgl. *Welt* vom 28.01.2014.
33 Ross 1977.
34 Bette 1984.
35 Vgl. *echt Magazin* vom 06.02.2010.
36 Jenewein, Morhart, Schimmelpfennig 2012.
37 Ebd.
38 Katzenbach, Smith 2003.
39 Schmidt 2011.
40 Bertalanffy 1969.
41 Foerster 1993.
42 Maturana, Varela 1987.
43 Spinath et al. 2002.
44 Foerster 1993.
45 Berkeley 1710.
46 Balgo 1998.
47 Watzlawick 1998.
48 Roth, Menzel 2001.
49 Maturana, Varela 1987, S. 106.
50 Simons, Chabris 1999.
51 Maturana, Varela 1987.
52 Ebd.
53 Maturana 1982.
54 Bass, Avolio 1994.
55 Ebd.
56 House 1977.
57 Zudem sind charismatische Führungspersönlichkeiten der Vergangenheit häufig negativ besetzt (zum Beispiel Napoleon).
58 Nach Wang et al. (2011) scheint die Effektivität des transformationalen Führungsansatzes unumstritten zu sein. Erste Studien und Metaanalysen bestätigen dies.
59 Bass, Avolio 1994.
60 Vgl. zdfsport.de vom 10.07.2014.
61 Bass 1985.
62 Achouri 2011.
63 Grote, Hering 2012, S. 7.

64 Niermeyer 2008.
65 Vgl. RP Online vom 06.04.2013.
66 Niermeyer 2008.
67 Ebd.
68 Ebd.
69 Ebd.
70 Steinkellner 2006.
71 Zweckorientierte Motivationsanreize werden auch manchmal als extrinsisch und tätigkeitsorientierte Motivationsanreize als intrinsisch bezeichnet.
72 Rheinberg 2012.
73 Ebd.
74 Carling 2010.
75 Heckhausen 2003.
76 Rheinberg 2012.
77 Kahneman 2011.
78 Ebd.
79 Ebd.
80 Kognitive Täuschungen sind nicht nur Fehlinterpretationen optischer Wahrnehmungen, sondern auch fälschliche Annahmen und Überzeugungen (Rückschaufehler, Erkenntnis-Illusion und Halo-Effekt; vgl. Kapitel 3).
81 Frederick 2005.
82 Vgl. Castrol Edge/Sky Sports 2011.
83 Vgl. *Badische Zeitung* vom 16.06.2012.
84 Kahneman 2011.
85 Ebd.
86 In diesem Zusammenhang ist auch auf Schulz von Thun (2010) und sein Modell von der Anatomie einer Nachricht hinzuweisen. Der Grundvorgang der zwischenmenschlichen Kommunikation geht zunächst von einem Sender aus, der etwas mitteilen möchte. Er verschlüsselt seine Mitteilung, sendet Zeichen, die für andere Personen als Nachricht erkennbar sind. Der Empfänger muss nun diese wahrgenommenen Zeichen entschlüsseln. Für jede Nachricht ergeben sich nach Schulz von Thun unterschiedliche Interpretationsmöglichkeiten, er spricht auch von den vier Seiten einer Nachricht. Vielleicht sind es sogar noch ein paar Möglichkeiten mehr, denn der Empfänger ist in seiner Interpretation der Nachricht vollkommen frei.
87 Watzlawick, Beavin, Jackson 1967.
88 Bauer 2007.
89 Vgl. dfb.de vom 09.08.2013.
90 Vgl. faz.net vom 09.06.2012.
91 Eberspächer 2009.
92 Isaacs 2002.
93 Krishnamurti 2005.

94 Isaacs 2002.

95 Argyris 1997.

96 Die Abstraktionsleiter veranschaulicht, wie wir automatisch unsere Beobachtungen der Welt mit unseren Weltbildern abgleichen und das, was wir in einem bestimmten Moment wahrnehmen, auf der Basis unserer Überzeugungen interpretieren. Sie erklärt zudem, warum sich die meisten Menschen nicht erinnern, woher ihre tiefsten Überzeugungen kommen. Anwendungsbeispiele der Abstraktionsleiter finden sich bei Senge et al. (2008).

97 Kabat-Zinn 2011.

98 Nyānaponika 2007.

99 Tze 2015.

100 Isaacs 2002.

101 Bauer (2007) spricht hier von emotionaler Resonanz.

102 Vgl. faz.net vom 27.12.2012.

103 Uexküll, Wesiack 1996.

104 Watzlawick, Beavin, Jackson 1967.

105 Schüffel et al. 1998.

106 Bekannt sind diese drei Komponenten der Handlungsveranlassung aus dem Salutogenese-Modell von Antonovsky (1997), der bei gesunden Menschen einen ausgeprägten Kohärenzsinn bestehend aus den drei Komponenten Verstehbarkeit, Handhabbarkeit und Bedeutsamkeit ausmacht.

107 Zum Beispiel Sprenger 2007.

108 Gambetta 1988.

109 Neuberger 2006.

110 Achouri 2011.

111 Dirks, Ferrin 2001.

112 Neuberger 2006.

113 Neuberger 2006, S. 27.

114 Vollmer, Clases, Wehner 2006.

115 Ripperger 1998.

116 Hermann, Schmid 2003.

117 Vgl. *Spiegel* vom 23.01.2012.

118 Vgl. *echt Magazin* vom 06.02.2010.

119 Isaacs 2002.

120 Ebd.

121 Streicher, Frey 2012.

122 Dies ist mit die bedeutendste Bedingung, da folgende Botschaft transportiert wird: Deine Meinung wird berücksichtigt, du bist ein wichtiges Mitglied, wir nehmen dich ernst.

123 Vgl. *Spiegel* vom 17.06.2013.

124 Diese »Trainierbarkeit« der transformationalen Führung wurde auch in neueren Studien belegt. Fitzgerald und Schutte (2010) konnten zeigen, dass

sich ein Training zur Steigerung der Kompetenzüberzeugung hinsichtlich des eigenen transformationalen Führungsstils positiv auf das selbst eingeschätzte transformationale Führungsverhalten auswirkt.

125 In der Literatur werden hierfür die Begriffe »Selbstwirksamkeitsüberzeugung«, »Selbstwirksamkeitserwartung« und »Kompetenzerwartung« äquivalent benutzt.
126 Eberspächer 2001.
127 Vgl. *FAZ* vom 26.07.2001.
128 Csíkszentmihályi 2013.
129 Ebd.
130 Ebd.
131 Vgl. ebd.
132 Bandura 1977.
133 Vgl. focus.de vom 16.06.2014.
134 Bandura 1977.
135 Bund 2001.
136 Jerusalem 1990.
137 Moritz et al. 2000.
138 Ein Wert von r = 1,0 ist ein perfekter positiver Zusammenhang: Hohe Werte der Kompetenzüberzeugung gehen mit hoher Leistung einher. Ein Wert von r = −1,0 ist ein perfekter negativer Zusammenhang: Hohe Werte der Kompetenzüberzeugung gehen mit schwacher Leistung einher.
139 Burke, Jin 1996.
140 Volk 2009.
141 Bandura 1977.
142 Vgl. *Spiegel* vom 08.02.2010.
143 Gladwell 2009.
144 Ericsson 1990.
145 Hermann 2001.
146 Feltz, Short, Sullivan 2008.
147 Ebd.
148 Rizzolatti et al. 1996.
149 Iacoboni et al. 1999.
150 Avikainen Forss, Hari 2002.
151 Bauer 2007.
152 Ebd.
153 Mayer, Hermann 2011.
154 Munroe-Chandler, Hall, Fishburne 2008.
155 Immenroth, Eberspächer, Hermann 2008.
156 Eberspächer 2001.
157 Ebd.
158 Kahneman 2011.

159 Mayer, Hermann 2011.

160 In Metaanalysen konnten die Wirkungen des Mentalen Trainings übereinstimmend nachgewiesen werden. Dabei zeigten sich übergreifend folgende Ergebnisse:
- Mentales Training ist wirksamer als kein Training.
- Praktisches Training ist wirksamer als Mentales Training.
- Mentales und praktisches Training im Wechsel sind wirksamer als praktisches Training allein.

161 Hanakawa et al. 2003.

162 Es lassen sich aber genauso spezifische Unterschiede von vorgestellter und praktisch durchgeführter Bewegung aufzeigen.

163 Mayer, Hermann 2011.

164 Eberspächer 2001.

165 Immenroth, Eberspächer, Hermann 2008.

166 Rizzolatti et al. 1996.

167 Mulder 2007.

168 Vgl. dfb.de vom 09.08.2013.

169 Eberspächer 2004.

170 Ross et al. (2003) untersuchten anhand des Golfschwungs, ob während der Vorstellung überhaupt Aktivität in spezifischen Kortexgebieten nachweisbar ist und inwiefern zwischen dem Fertigkeitsniveau (Handicap) der Golfspieler und den entsprechend aktivierten Hirnarealen ein Zusammenhang besteht. Die Studienergebnisse bestätigen Folgendes: Mit zunehmendem Fertigkeitsniveau lässt die Aktivität besonders im supplementärmotorischen Areal und im Kleinhirn nach. Insgesamt nimmt die Hirnaktivität bei geringerem Fertigkeitsniveau zu. So kann die Ursache für eine hohe, weiträumige Aktivierung ein unvollständiger Lernprozess sein, bei dem eine Bewegungsautomatisierung (noch) nicht möglich ist.

171 Nideffer 1976.

172 Vgl. *Spiegel* vom 17.06.2013.

173 Vgl. *Spiegel* vom 02.08.2010.

174 Bekannt ist dieser Vorgang aus dem transaktionalen Stressmodell nach Lazarus und Folkman (1984), die festgestellt haben, dass auch das Stresserleben ein personeninterner Vorgang ist, dem Bewertungsprozesse zugrunde liegen.

175 Der Begriff »Umdeutung« von englisch »Reframing« bezeichnet eine Technik, die aus der Systemischen Familientherapie stammt und von Satir (vgl. Satir, Banmen, Gerber 2007) eingeführt und populär gemacht wurde.

176 Vgl. *FAZ* vom 03.05.2012.

177 Vgl. *Tagesspiegel* vom 20.08.2012.

178 Yerkes, Dodson 1908.

179 Selye 1953.

180 Der menschliche Körper muss sich ständig an wechselnde Bedingungen anpassen (Umgebungstemperatur, körperliche Anstrengung etc.). Verantwortlich für diese Anpassungen ist das vegetative Nervensystem. Es wird unterteilt in den Sympathikus (Aktivierung) und den Parasympathikus (Beruhigung und Regeneration). Funktionell kann man Sympathikus und Parasympathikus als sogenannte Antagonisten verstehen, ihre Wirkungen auf die verschiedensten Organe sind meist gegensätzlich.

181 Neben Adrenalin ist Cortisol das wichtigste Stresshormon. Das Wirkungsspektrum dieses Hormons ist sehr vielfältig. Neben der Stoffwechselaktivierung zur Energiegewinnung wirkt Cortisol schmerzreduzierend und hemmend auf die Immunabwehr, blockiert die spezifische und unspezifische Immunabwehr. Anders als Adrenalin, das schnell gebildet und auch schnell wieder abgebaut wird, wird Cortisol auf Vorrat gebildet, und zwar vorwiegend in der zweiten Nachthälfte, und steht morgens maximal bereit. Im Laufe des Tages fällt Cortisol stark ab, abends sind nur noch zehn Prozent des Morgenwertes vorhanden. Das Zusammenspiel der Stresshormone Adrenalin und Cortisol sowie des Neurotransmitters Noradrenalin ist fein aufeinander abgestimmt. Durch dauerhaften Stress wird die Cortisoltagesproduktion zunächst deutlich gesteigert, im Laufe der Zeit jedoch zunehmend blockiert, wodurch der natürliche Cortisoltagesrhythmus gestört wird. Ein Cortisolüberschuss kann zu Stoffwechselstörungen, Übergewicht, Diabetes und Immundefekten führen, ein Cortisolmangel hingegen zu Entzündungen, Antriebsschwäche und Energielosigkeit. Cortisolmangel ist eine mögliche Folge von lang anhaltenden Stressbelastungen und wird auch beim Erschöpfungssyndrom (Burnout) beobachtet.

182 Selye 1981.

183 Autrum, Holst 1968.

184 Vgl. *Stuttgarter Zeitung* vom 23.12.2011.

185 Eberspächer 2009.

186 Weiterführende Informationen, Hintergründe und Anleitungen zu Entspannungsverfahren finden sich bei Petermann und Vaitl (2009) oder auch Hermann und Mayer (2010).

187 Jacobson 1938.

188 Hermann, Eberspächer 1994.

189 Eberspächer 2009.

190 Vgl. faz.net vom 09.06.2012.

191 Vgl. dfb.de vom 09.08.2013.

192 Vgl. *FAZ* vom 03.05.2012.

193 Schwarzer 2004.

194 Rheinberg 2012.

195 Nach Schwarzer (2004) liegt der entscheidende Unterschied zwischen Kompetenzüberzeugung und erfolgsorientiertem Leistungsmotiv darin, dass im

ersten Fall die subjektive Verfügbarkeit einer eigenen Bewältigungshandlung wahrgenommen wird, während im zweiten Fall Erfolg beziehungsweise Misserfolg vorhergesagt wird auf der Grundlage von stabilen Attributionen – und dies können eben auch externale Attributionen sein (wie beispielsweise Unterstützung durch andere).

196 Kahneman 2011.
197 Auch über die eigene Kompetenz in bestimmten Anforderungssituationen entwickelt man bestimmte Vorstellungen.
198 Was originär der von Bandura beschriebenen Quelle für die Kompetenzüberzeugung der stellvertretenden Erfahrung entspricht.
199 Insofern ist die Bezeichnung »sprachliche Erfahrung« hier nicht ganz passend. Wir wollen aber dennoch den Fachbegriff beibehalten.
200 Vgl. *Spiegel* vom 17.06.2013.
201 Rosenthal, Jacobson 1992. Gelegentlich wird dieser Effekt auch nach seinem Entdecker als Rosenthal-Effekt bezeichnet.
202 Vgl. *Spiegel* vom 17.06.2013.
203 Simon 1995.
204 Achouri 2011.
205 Ebd.
206 Ludewig 1997.
207 Vgl. *Zeit* vom 31.05.2012.
208 Ausführliche Informationen zur Zielsetzung finden sich bei Dörner (2003).
209 Vgl. *FAZ* vom 03.05.2012.
210 Vgl. dfb.de vom 23.01.2013.
211 Bei den expliziten diagnostischen Verfahren kommen wissenschaftlich fundierte Persönlichkeits- oder Motivprofile zum Einsatz. Auch werden häufig die Stressverarbeitung und die kognitive Leistungsfähigkeit erfasst. Bei den impliziten Verfahren werden, beispielsweise durch computergestützte Repertory-Grid-Verfahren, unbewusste Einstellungsmuster deutlich gemacht.
212 Der Unterschied zwischen Belastung und Beanspruchung ist auch in der Norm DIN EN ISO 10075 beschrieben.
213 Myers et al. 2004.
214 Ein Wert von r = 1,0 ist ein perfekter positiver Zusammenhang; hohe Werte der Kompetenzüberzeugung gehen mit hoher Leistung einher. Ein Wert von r = −1,0 ist ein perfekter negativer Zusammenhang; hohe Werte der Kompetenzüberzeugung gehen mit schwacher Leistung einher.
215 Feltz, Short, Sullivan 2008.
216 Bandura 2001.
217 Feltz, Short, Sullivan 2008.
218 Vgl. *Süddeutsche Zeitung* vom 11.12.2008.
219 Vgl. *Morgenpost* vom 26.06.2012.

220 Isaacs 2002.
221 Tajfel 1970.
222 Williams, Cheung, Choi 2000.
223 Zadro, Williams, Richardson 2004; Eisenberger, Liebermann, Williams 2003.
224 Isaacs 2002.
225 Lück 1996.
226 Isaacs 2002.
227 Frey, Jegen 2001.
228 Achouri 2011.
229 Wooden, Carty, Robinson 2005.
230 Dies ist nicht immer ganz einfach, weil viele dieser Werte und Normen nicht expliziter Natur sind.
231 Vgl. *Stuttgarter Zeitung* vom 23.12.2011.
232 Isaacs 2002.
233 Ebd.
234 Achouri 2011.
235 Cohen 1984.
236 Heinrichs et al. 2003.
237 Kirschbaum et al. 1995.
238 Achouri 2011.
239 Von Bar-Eli et al. (2007) wurden Elfmetersituationen im Fußball ausgewertet. Die Schützen schießen statistisch etwa gleich verteilt nach links, rechts und in die Mitte, während die Torhüter nur selten in der Mitte bleiben, sondern sich fast immer nach rechts oder links bewegen. Dies tun sie, obwohl ihre Chancen, den Ball abzuwehren, dort ebenso gut oder schlecht sind wie in der Mitte des Tores. Begründet wird die in der Summe der Fälle chancenreduzierende Handlung *(action)* mit der menschlichen Neigung, bevorzugt aktiv in ein Geschehen einzugreifen, als es passiv zu verfolgen.
240 Collins 2011.
241 Vgl. faz.net vom 27.12.2012.
242 Vgl. 11freunde.de vom 01.07.2014.
243 Feltz, Short, Sullivan 2008.
244 Achouri 2011.
245 Man nennt dies auch prognostische Intuition, wie sie Experten in bekannten Settings nutzen können.
246 Isaacs 2002.
247 Achouri 2011.
248 Katzenbach, Smith 2003.
249 Auszug aus der Dankesrede bei der Verleihung des Bambi 2014.

LITERATUR

Achouri, Cyrus (2011): *Wenn Sie wollen, nennen Sie es Führung. Systemisches Management im 21. Jahrhundert.* Offenbach: Gabal

Antonovsky, Aaron (1997): *Salutogenese: Zur Entmystifizierung der Gesundheit.* Tübingen: DGVT

Argyris, Chris (1997): *Wissen in Aktion. Eine Fallstudie zur lernenden Organisation.* Stuttgart, Klett-Cotta

Autrum, Hansjochem; Holst, Dietrich (1968): »Sozialer ›Stress‹ bei Tupajas (Tupaia glis) und seine Wirkung auf Wachstum, Körpergewicht und Fortpflanzung«. In: *Journal of comparative physiology* 58, S. 347–355

Avikainen, Sari; Forss, Nina; Hari, Riitta (2002): »Modulated activation of the human SI and SII cortices during observation of hand actions«. In: *Neuroimage*, 15, S. 640–646

Balgo, Rolf (1998): *Bewegung und Wahrnehmung als System.* Schorndorf: Hofmann

Bandura, Albert (1977): »Self-efficacy: Toward a unifying theory of behavioral change«. In: *Psychological Review*, 84, S. 191–215

Bandura, Albert (2001): »Social cognitive theory: An agentic perspective«. In: *Annual Review of Psychology*, 52, S. 1–26

Bar-Eli, Michael et al. (2007): »Action bias among Elite Soccer Goalkeepers: The Case of Penalty Kicks«. In: *Journal of Economic Psychology*, 28, S. 606–621

Bauer, Joachim (2007): *Warum ich fühle, was du fühlst.* München: Heyne

Bass, Bernard M.; Avolio, Bruce J. (1994): »Improving Organizational Effectiveness Through Transformational Leadership«. Thousand Oaks et al.: Sage Publications

Bass, Bernhard, M. (1985): *Leadership and performance beyond expectation.* New York: Free Press.

Berkeley, George (1710): *A treatise concerning the principles of human knowledge.* Dublin: Rhames

Bertalanffy, Ludwig von (1968): *General System Theory.* New York: Braziller

Bette, Karl-Heinrich (1984): *Die Trainerrolle im Hochleistungssport.* Sankt Augustin: Richarz

Born, Marius; Eiselin, Stefan (1996): *Teams. Chancen und Gefahren.* Bern: Huber

Bund, Andreas (2001): »Zur Bedeutung des allgemeinen und aufgabenbezogenen Selbstvertrauens für das Bewegungslernen«. In: *Psychologie und Sport,* 8, 3, S. 78–90

Burke, Stephen T.; Jin, Putai (1996): »Predicting performance from a triathlon event«. In: *Journal of Sport Behavior,* 19, S. 272–287

Carling, Christopher J. (2010): »Analysis of physical activity profiles when running with the ball in a professional soccer team«. In: *Journal of Sports Sciences,* 28, S. 319–326

Cohen, Leonard H. (1984): »Positive life events and social support and the relationship between life stress and psychological disorder«. In: *American Journal of Community Psychology,* 12, S. 567–587

Collins, Jim (2011): *Der Weg zu den Besten. Die sieben Management-Prinzipien für dauerhaften Unternehmenserfolg.* Frankfurt am Main et al.: Campus

Csíkszentmihályi, Mihály (2013): *FLOW. Das Geheimnis des Glücks.* Stuttgart: Kohlhammer

Dirks, Kirk T.; Ferrin, Donald L. (2001): »The role of trust in organizational settings«. In: *Organization Science,* 12, S. 450–467

Dörner, Dietrich (2003): *Die Logik des Misslingens. Strategisches Denken in komplexen Situationen.* Reinbek: Rowohlt.

Eberspächer, Hans (2001): *Mentales Training. Das Handbuch für Trainer und Sportler.* München: Copress

Eberspächer, Hans (2004): *Gut sein, wenn's drauf ankommt. Die Psycho-Logik des Gelingens.* München: Hanser

Eberspächer, Hans (2009): *Ressource Ich. Stressmanagement in Beruf und Alltag.* München: Hanser.

Eisenberger, Naomi I.; Lieberman, Matthew D.; Williams, Kipling D. (2003): »Does rejection hurt? An fMRI Study of Social Exclusion«. In: *Science*, 302, S. 290–292

Ericsson, Anders K. (1990): »Peak performance and age: An examination of peak performance in sports«. In: Paul B. Baltes, Margret M. Baltes (Hrsg.): *Successful aging: Perspectives from the behavioral sciences*. Cambridge: Cambridge University Press, S. 164–195

Feltz, Deborah. L.; Short, Sandra E.; Sullivan, Philip J. (2008): *Self-Efficacy in Sport*. Champaign: Human Kinetics

Fischhoff, Baruch (1975): »Hindsight ≠ foresight: The Effect of Outcome Knowledge on Judgment Under Uncertainty«. In: *Journal of Experimental Psychology: Human Perception and Performance*, 1, S. 288–299

Fitzgerald, Susan; Schutte, Nicola S. (2010): »Increasing transformational leadership through enhancing self-efficacy«. In: *Journal of Management Development*, 29, S. 495–505

Foerster, Heinz von (1993): *KybernEthik*. Berlin: Merve

Frederick, Shane (2005). »Cognitive Reflection and Decision Making«. In: *Journal of Economic Perspectives*, 19 (4), S. 25–42.

Frey, Bruno S.; Jegen, Reto (2001): »Motivation Crowding Theory: A Survey of Empirical Evidence«. In: *Journal of Economic Surveys*, 15, S. 589–611

Gambetta, Diego (1988): »Mafia: The Price of Distrust«. In: Diego Gambetta (Hrsg.): *Trust. Making and Breaking Cooperative Relations*. New York: Basil Blackwell, S. 158–175

Gladwell, Malcolm (2009): *Überflieger. Warum manche Menschen erfolgreich sind – und andere nicht*. Frankfurt am Main, New York: Campus

Graf, Matthias M.; Quaquebeke, Nils van (2012): »Führung aus Sicht der Geführten verstehen: Denn wem nicht gefolgt wird, der führt nicht«. In: Sven Grote (Hrsg.): *Die Zukunft der Führung*. Berlin: Springer Gabler, S. 291–306

Grote, Sven; Hering, Victor W. (2012): »Mythen der Führung«. In: Sven Grote (Hrsg.): *Die Zukunft der Führung*. Berlin et al.: Springer Gabler, S. 1–26

Haufler, Amy J. et al. (2002): »Neuro-cognitive activity during a self-paced visuospatial task: comparative EEG profiles in marksmen and novice shooters«. In: *Biological Psychology*, 53, S. 131–160

Hanakawa, Takashiet al. (2003): »Functional properties of brain areas associated with motor execution and imagery«. In: *Journal of Neurophysiology*, 89, S. 989–1002

Heckhausen, Heinz (2003): *Motivation und Handeln*. Berlin et al.: Springer

Heinrichs, Markus et al. (2003): »Social support and oxytocin interact to supress cortisol and subjective responses to psychosocial stress«. In: *Biological Psychiatry*, 54, S. 1389–1398

Hermann, Hans-Dieter (2001): *Mediatoren und Modifikatoren der Belastungsreaktionen nach Sportverletzungen. Beiträge zu einem interdisziplinären Modell.* Hamburg: Kovac

Hermann, Hans-Dieter; Eberspächer, Hans (1994): *Psychologisches Aufbautraining nach Sportverletzungen.* München: BLV

Hermann, Hans-Dieter; Mayer, Jan (2010): *Mentalstrategien für den Alltag.* Hamburg: Techniker Krankenkasse

Hermann, Hans-Dieter; Schmid, Robert A. (2003): *Reden wie die Profis. Die perfekte Rede im Beruf.* Freiburg im Breisgau et al.: Haufe

Heuer Andreas et al. (2011): »Usefulness of Dismissing and Changing the Coach in Professional Soccer«. In: *PLoS ONE*, 6

Hilger, Stefan; Richter, Ansgar; Schäffer, Utz (2011): »Who will survive? A competing risks analysis of interdependent top executive turnover events«. EBS Business School: Research Paper Series, 11–01

House, Robert J. (1977): »A 1976 Theory of Charismatic Leadership«. In: James G. Hunt, Lars L. Larson (Hrsg.): *Leadership. The Cutting Edge.* Carbondale: Southern Illinois University Press, S. 189–207

Iacoboni, Marco et al. (1999): »Cortical mechanism of human imitation«. In: *Science*, 286, S. 2526–2528

Immenroth, Marc; Eberspächer, Hans; Hermann, Hans-Dieter (2008): »Training kognitiver Fertigkeiten«. In Jürgen Beckmann, Michael Kellmann (Hrsg.): *Enzyklopädie der Psychologie, Serie: Sportpsychologie, Band: Anwendungsfelder der Sportpsychologie.* Göttingen: Hogrefe, S. 119–176

Isaacs, William (2002): *Dialog als Kunst gemeinsam zu denken.* Bergisch Gladbach: EHP

Jacobson, Edmund (1936): »The course of relaxation of muscles of athletes«. In: *American Journal of Psychology,* 48, S. 98–108

Jenewein, Wolfgang; Morhart, Felicitas; Schimmelpfennig, Christian (2012): »Schwarmintelligenz: Wie Sie Ihre Unternehmung ins Schwärmen bringen«. In: *IMP Perspectives*, 4, S. 149–161

Jerusalem, Matthias (1990): *Persönliche Ressourcen, Vulnerabilität und Stresserleben*. Göttingen et al.: Hogrefe

Kabat-Zinn, Jon (2011): *Gesund durch Meditation*. München: Barth

Kahneman, Daniel (2011): *Schnelles Denken, langsames Denken*. München: Siedler

Katzenbach, Jon R.; Smith, Douglas K. (2003): *Teams. Der Schlüssel zur Hochleistungsorganisation*. Frankfurt am Main: Redline Wirtschaft

Kirschbaum, Clemens et al. (1995): »Sex-specific effects of social support on cortisol and subjective responses to acute psychological stress«. In: *Psychosomatic Medicine*, 57, S. 23–31

Krishnamurti, Jiddu (2005): *Das Wesentliche ist einfach. Antworten auf die Fragen des Lebens*. München: Herder

Kuhl, Julius (1995): »Handlungs- und Lageorientierung«. In: Werner Sarges (Hrsg.): *Managementdiagnostik*. Göttingen: Hogrefe, S. 303–316

Lattmann, Charles (1982): *Die verhaltenswissenschaftlichen Grundlagen der Führung des Mitarbeiters*. Bern: Haupt

Lazarus, Richard S.; Folkman, Susan (1984): *Stress, appraisal, and coping*. Berlin, Heidelberg, New York: Springer

Linz, Lothar (2014): *Erfolgreiches Teamcoaching*. Aachen: Meyer & Meyer

Lück, Helmut E. (1996): *Die Feldtheorie und Kurt Lewin. Eine Einführung*. Weinheim: Psychologie Verlags Union

Ludewig, Kurt (1997): *Systemische Therapie*. Stuttgart: Klett-Cotta

Maturana, Humberto R. (1982): *Erkennen. Die Organisation und Verkörperung von Wirklichkeit. Ausgewählte Arbeiten zur biologischen Epistemologie*. Braunschweig et al.: Vieweg

Maturana, Humberto R.; Varela, Francisco J. (1987): *Der Baum der Erkenntnis*. München: Scherz

Mayer, Jan; Hermann, Hans-Dieter (2011): *Mentales Training*. Heidelberg et al.: Springer

Michaelis, Björn; Nohe, Christoph; Sonntag, Karlheinz (2012): »Führungskräfteentwicklung im 21. Jahrhundert – wo stehen wir und wo müssen (oder wollen) wir hin?« In: Sven Grote (Hrsg.): *Die Zukunft der Führung*. Berlin et al.: Springer Gabler, S. 365–389

Moritz, Sandra E. et al. (2000): »The Relation of Self-Efficacy Measures to Sport Performance: A Meta-Analytic Review«. In: *Research Quarterly for Exercise and Sport*, 71 (3), S. 280–294

Mulder, Theo (2007): *Das adaptive Gehirn*. Stuttgart: Thieme

Munroe-Chandler, Krista.; Hall, Craig; Fishburne, Graham (2008): »Playing with confidence: The relationship between imagery use and self-confidence and self-efficacy in youth soccer players«. In: *Journal of Sports Sciences*, 26, S. 1539–1546

Myers, Nicholas D.; Feltz, Deborah L.; Short, Sandra. E. (2004): »Collective efficacy and team performance: A longitudinal study of collegiate football teams«. In: *Group Dynamics: Theory, Research, and Practice*, 8, S. 126–138

Neuberger, Oliver (2006): »Vertrauen vertrauen? Misstrauen als Sozialkapital«. In: Klaus Götz (Hrsg.): *Vertrauen in Organisationen*. München: Hampp, S. 11–56

Neumann, Reiner (2012): *Die Macht der Macht*. München: Hanser

Nideffer, Robert M. (1976): *The Inner Athlete*. New York: Thomas Cromwell

Niermeyer, Rainer (2008): *Mythos Authentizität. Die Kunst, die richtigen Führungsrollen zu spielen*. Frankfurt am Main: Campus

Nyānaponika (2007): *Geistestraining durch Achtsamkeit*. Stammbach: Beyerlein & Steinschulte.

Petermann, Franz; Vaitl, Dieter (2009): *Entspannungsverfahren. Das Praxishandbuch*. Weinheim: Beltz.

Peters, Bernhard; Hermann, Hans-Dieter; Müller-Wirth, Moritz (2013): *Führungsspiel*. Genf: Ariston

Redlich, Alexander (2007): *Konfliktmoderation in Gruppen. Der Praxisbegleiter. Konzepte und Hintergründe kompakt*. Hamburg: Verlag Beratung und Training

Rheinberg, Falko (2012): *Motivation*. Stuttgart: Kohlhammer

Ripperger, Tanja (1998): *Ökonomik des Vertrauens. Analyse eines Organisationsprinzips*. Tübingen: Mohr Siebeck

Rizzolatti, Giacomo et al. (1996): »Premotor cortex and the recognition of motor actions«. In: *Cognitive Brain Research*, 3, S. 131–141

Rosenthal, Robert; Jacobson, Lenore (1992): *Pygmalion in the classroom*. Carmarthen: Crownhouse

Ross, Lee D. (1977): »The intuitive psychologist and his shortcomings: Distortions in the attribution procee«. In: Leonard Berkowitz (Hrsg.): *Advances in experimental social psychology (vol. 10)*. New York: Academic Press

Ross, Jeffrey S. et al. (2003): »The mind's eye: Functional MR imaging evaluation of golf motor imagery«. In: *American Journal of Neuroradiology*, 24, S. 1036–1044

Roth, Gerhard; Menzel, Randolf (2001): »Neuronale Grundlagen kognitiver Leistungen«. In: Josef Dudel, Randolf Menzel, Robert F. Schmidt (Hrsg.): *Neurowissenschaft – Vom Molekül zur Kognition*. Berlin, Heidelberg, New York: Springer, S. 543–562

Satir, Virginia; Banmen, John; Gerber, Jane (2007): *Das Satir-Modell*. Paderborn: Junfermann

Schmidt, Sascha L. (2011): »In the Line of Fire: Verweildauer von Bundesligatrainern und CEOs in Deutschland. Eine vergleichende Analyse«. EBS Business School: Research Paper Series, 11–02

Schüffel, Wolfram et al. (1998): »Einführung«. In: Wolfram Schüffel et al. (Hrsg.): *Handbuch der Salutogenese*. Wiesbaden: Ullstein Medical, S. 1–11

Schulz von Thun, Friedemann (2010): *Miteinander Reden 1: Störungen und Klärungen. Allgemeine Psychologie der Kommunikation*. Reinbek: Rowohlt

Schwarzer, Ralf (2004): *Psychologie des Gesundheitsverhaltens*. Göttingen: Hogrefe

Selye, Hans (1953): *Einführung in die Lehre vom Adaptationssyndrom*. Stuttgart, New York: Thieme

Selye, Hans (1981): »Geschichte und Grundzüge des Stresskonzepts«. In: Nitsch, J. R. (Hrsg.): *Stress. Theorien, Untersuchungen, Maßnahmen*. Bern: Huber

Senge, Peter M. et al. (2008): *Das Fieldbock zur Fünften Disziplin*. Stuttgart: Schäffer-Poeschel.

Simon, Fritz B. (1995): *Die andere Seite der »Gesundheit«*. Heidelberg: Carl-Auer

Simons, Daniel J.; Chabris, Christopher F. (1999): »Gorillas in our midst: sustained inattentional blindness for dynamic events«. In: *Perception*, 28, S. 1059–1074

Spinath, Frank M. et al. (2002): »German Observational Study of Adult Twins (GOSAT): A Multimodal Investigation of Personality, Temperament and Cognitive Ability«. In: *Twin Research*, 5, S. 372–375

Sprenger, Reinhard K. (2007): *Vertrauen führt*. Frankfurt am Main: Campus

Steinkellner, Peter (2006): »Systemische Führung«. In: Oliver Dengg (Hrsg.): *Coaching – Ein Instrument für Management und Führung*. Wien: LVAk

Streicher, Bernhard; Frey, Dieter (2012): »Prinzipien der Fairness als Führungskultur der Zukunft«. In: Sven Grote (Hrsg.): *Die Zukunft der Führung*. Berlin et al.: Springer Gabler, S. 331–346

Tajfel, Henri (1970): »Experiments in intergroup discrimination«. In: *Scientific American*, 223, S. 96–102

Thorndike, Edward L. (1920): »A constant error in psychological rating«. In: *Journal of Applied Psychology*, 4, S. 25–29

Tuckman, Bruce W. (1965): »Developmental sequence in small groups«. In: *Psychological Bulletin*, 63, S. 384–399

Turner, Mark (1998): *The Literary Mind: The Origins of Thought and Language*. Oxford: Oxford University Press

Tze Yuan (2015): *Wellbeing begins with you*. Yuan Tze Centre

Uexküll, Thure von; Wesiack, Wolfgang (1996): »Theorie des therapeutischen Geschehens«. In: Rolf H. Adler et al. (Hrsg.): *Psychosomatische Medizin*. München: Urban & Schwarzenberg, S. 347–351

Volk, Hartmut (2009): »Souverän im Leben stehen«. In: *Krankendienst*, 3, S. 80–83

Vollmer, Albert; Clases, Christoph; Wehner, Theo (2006): »Vertrauen und kooperatives Handeln – Ein arbeits- und organisationspsychologischer Zugang«. In: Klaus Götz (Hrsg.): *Vertrauen in Organisationen*. München: Hampp, S. 169–184

Wang, Gang et al. (2011): »Transformational leadership and performance across criteria and levels: A meta-analytic review of 25 years of research«. In: *Group & Organization Management*, 36, S. 223–270

Watzlawick, Paul (1998): *Wie wirklich ist die Wirklichkeit?*. München et al.: Piper

Watzlawick, Paul; Beavin, Janet H.; Jackson, Don D. (1967): *Pragmatics of human communication*. New York: Norton

Williams, Kipling D.; Cheung, Christopher K. T.; Choi, Wilma (2000): »Cyberostracism: effects of being ignored over the internet«. In: *Journal of Personality and Social Psychology*, 79, S. 748–762

Wooden, John; Carty, Jay (2005): *Coach Wooden's Pyramid of Success Playbook: Applying the Pyramid of Success to Your Life*. New York: Regal Books

Yerkes, Robert M.; Dodson, John D. (1908): »The relation of strength of stimulus to rapidity of habit-formation«. In: *Journal of Comparative Neurology and Psychology*, 18, S. 459–482

Zadro, Lisa; Williams, Kipling D.; Richardson, Rick (2004): »How low can you go? Ostracism by a computer lowers belonging, control, self-esteem, and meaningful existence«. In: *Journal of Experimental Social Psychology*, 40, S. 560–567

ÜBER DIE AUTOREN

 **Dr. Hans-Dieter Hermann** ist Sportpsychologe mehrerer Weltklasseathleten und Profis. 20 Jahre lang betreut er bis 2024 die deutsche Fußball-Nationalmannschaft der Männer. Er ist Coach, Unternehmensberater sowie Honorarprofessor am Institut für Sportwissenschaft der Universität Tübingen.

 **Dr. Jan Mayer** ist Sportpsychologe, koordiniert für den Deutschen Olympischen Sportbund die sportpsychologische Betreuung in den Spitzenverbänden und betreut selbst mehrere Profiteams. Er ist Honorarprofessor am Sportwissenschaftlichen Institut in Saarbrücken. 2021 wurde er in die Geschäftsführung der TSG Hoffenheim berufen.

Beide sind vielgefragte Redner und Coaches bei international tätigen Unternehmen und unterrichten als Professoren auch an der Deutschen Hochschule für Prävention und Gesundheitsmanagement in Saarbrücken.

www.ccc-network.de

Dieses Buch wurde klimaneutral produziert

Bibliografische Information der Deutschen Nationalbibliothek
Die Deutsche Nationalbibliothek verzeichnet diese Publikation in
der Deutschen Nationalbibliografie; detaillierte bibliografische
Daten sind im Internet über http://dnb.d-nb.de abrufbar.

6. Auflage 2025
Copyright © 2014 by Murmann Verlag GmbH – Murmann Publishers, Hamburg

ISBN 978-3-86774-379-2

Dieses Werk wurde vermittelt durch die Literaturagentur Swantje Steinbrink.
Druck und Bindung: CPI Books GmbH
Printed in Germany

Besuchen Sie uns im Internet: www.murmann-verlag.de
Ihre Meinung zu diesem Buch interessiert uns!
Zuschriften bitte an info@murmann-verlag.de

Den Newsletter des Murmann Verlages können Sie anfordern unter
newsletter@murmann-verlag.de

ICH
DU
WIR

HÖCHST-
LEISTUNG!